Andreas Benda (Hrsg.)

Im Licht des neuen Morgens

Das kleine und große Glück des Lebens

Erzählungen

BRUNNEN
VERLAG GIESSEN · BASEL

ABCteam-Bücher erscheinen in folgenden Verlagen:
Aussaat Verlag Neukirchen-Vluyn
R. Brockhaus Verlag Wuppertal und Zürich
Brunnen Verlag Gießen und Basel
Christliches Verlagshaus Stuttgart
Oncken Verlag Wuppertal und Kassel

Die Deutsche Bibliothek – CIP-Einheitsaufnahme

Im Licht des neuen Morgens :
das kleine und grosse Glück des Lebens ;
Erzählungen / Andreas Benda (Hrsg.). –
Giessen ; Basel : Brunnen-Verl., 1996
(ABC-Team ; 3530)
ISBN 3-7655-3530-3
NE: GT

Redaktion: Ralf Tibusek
Umschlagfoto: Klaus Ender
Umschlaggestaltung: Ralf Simon
Herstellung: Ebner Ulm
ISBN 3-7655-3530-3

Inhalt

Hans Georg Noack

DAS URTEIL

In der kleinen Gaststätte, in der ich gewöhnlich zu Abend esse, sind stets nur wenige Gäste. Einige nehmen hastig eine Mahlzeit ein, um dann sogleich wieder zu gehen, gerade so wie ich. Und sonst sitzen immer am gleichen Tisch vier ältere Herren, die einen Schoppen Wein trinken und ihre allabendliche Partie Schach spielen. Von ihnen hört man kaum jemals ein Wort außer einem höflichen »Gardez!«, einem leise erfreuten »Schach!«, einem triumphierenden »Matt!«

So fiel es mir auf, als eines Abends an einem entlegenen Tisch ein Mann saß, der weder zur einen noch zur anderen Gruppe der Gäste gehörte. Er hatte ein Glas Tee vor sich, doch trank er nicht davon. Sein Blick war geradeaus gerichtet, der Kopf leicht vorwärts geschoben. Es sah aus, als beobachtete er einen interessanten Vorgang. Während ich auf mein Essen wartete, versuchte ich zu ergründen, was seine Aufmerksamkeit so stark fesseln mochte, doch entdeckte ich nichts und kam zu dem Schluß, daß der fremde Gast entweder gedankenlos vor sich hin blickte oder aber sich besonders intensiv mit irgendeinem Problem beschäftigte. Die schärfste Anspannung des Denkens und ihr genaues Gegenteil sind ja häufig nicht voneinander zu unterscheiden.

Dann wurde mir die Suppe gebracht, und während ich aß, vergaß ich den Mann.

Als er jedoch am nächsten Abend, am übernächsten und an jedem folgenden in der gleichen Haltung am gleichen Platze saß, erregte er meine Aufmerksamkeit, und ich bemerkte immer häufiger, daß ich ihn beobachtete, obwohl seine Unbeweglichkeit doch eigentlich wenig geeignet war, irgendein Interesse zu erregen oder gar von Tag zu Tag zu steigern. Und doch war es so. Ja, ich blieb sogar bald nach vollendeter Mahlzeit noch bei einer Tasse Kaffee sitzen, um mein Beobachten länger auszudehnen.

So ging es eine ganze Reihe von Abenden. Ich beobachtete den Schweiger, obwohl im Grunde nichts an ihm zu beobachten war, aber stets schien es mir, als läge etwas hinter seiner Versunkenheit, das Beobachtung wohl verdiente.

Fast war es verwunderlich, daß er mich eines Abends gewahrte. Seine Augen zuckten leicht, er bewegte unwillig den Kopf und blickte dann kurz zu mir herüber. Wir spüren ja bisweilen Blicke, die auf uns ruhen, fast mit der gleichen Intensität wie eine körperliche Berührung. Ich ließ ein wenig beschämt den Blick sinken, und der stille Gast saß bald darauf wieder in alter Unbeweglichkeit.

Doch kreuzten sich von nun an unsere Blicke häufiger, und nach ein paar Tagen wagte ich, ihn mit einem Lächeln zu grüßen, das er mit einem Nicken erwiderte, ohne daß sich der Ausdruck seines Gesichts veränderte.

Längst war aus dieser stummen allabendlichen Begegnung eine Gewohnheit geworden, doch hatte mein Interesse an jenem Fremden nicht nachgelassen, sondern wurde mehr und mehr entfacht, ohne daß es eigentlich Nahrung erhielt. Ich war begierig, ihn näher kennenzulernen, bis es dann wirklich dazu kam, und seitdem weiß ich, daß mir wohler wäre, wenn ich ihn nie gesehen hätte.

Ich war fast erschrocken, als der Fremde mich eines Samstagabends zwar mit dem gleichen abwesenden Nicken grüßte wie immer in der letzten Zeit, dann aber sein Teeglas aufnahm, an meinen Tisch kam und fragte, ob er sich zu mir setzen dürfe. Ich hatte kaum Zustimmung genickt, als er auch schon Platz nahm und sofort zu sprechen begann. Es lag Hast in seiner Stimme, als müsse er sich beeilen, etwas zu erklären, bevor es zu spät sein würde. Doch vom ersten Wort an, noch bevor er zu seiner eigentlichen Erzählung kam, war ich gepackt und nahm Satz für Satz genau auf, daß ich noch heute, zwei Monate später, versichern kann, daß jedes Wort zwischen uns so gesagt wurde, wie ich es jetzt niederschreiben will.

»Sie müssen mir verzeihen, daß ich so einfach an Ihren Tisch komme. Ich weiß nicht einmal, warum ich mich ausgerechnet zu Ihnen setze. Ich kenne Sie nicht, aber das ist mir ganz recht. Wäre mir auch nur Ihr Name bekannt, so hätte ich vielleicht nicht gewagt, zu Ihnen zu kommen. Ich möchte Ihnen eine Geschichte erzählen und um Ihr Urteil bitten. Aber vielleicht ist das ein unziemliches Verlangen.«

Er sah meine Bewegung, die ihm sagen sollte, daß er sich deswegen keine Gedanken zu machen brauche, und schüttelte den Kopf.

»Nein, Sie können das selber nicht wissen, solange Sie meine Geschichte nicht kennen. Aber ich glaube, daß ich keine Wahl habe. Ich muß reden, damit ich mir nicht mehr länger Herz und Hirn zermartere, ohne zu einem Schluß zu kommen. Sagen Sie dann ein Urteil, das Ihnen recht erscheint, und ich will es annehmen. Denn nur wer abseits steht, sieht wirklich klar, weil er das ganze Bild auf einmal erfassen kann. Wer im Zentrum steht, sieht immer nur einen Teil des Ganzen – und wendet er sich dem anderen Teil zu, so verliert er das gerade Erkannte aus den Augen. Ich laufe nur Gefahr, für aufdringlich zu gelten, doch das will ich gern in Kauf nehmen.«

Er schwieg fast eine Minute, aber er wartete wohl nicht auf eine Antwort. Schließlich trank er einen langen Schluck aus seinem Glas. Dann begann er wieder zu sprechen. Nur seine Lippen bewegten sich, sonst war alles an ihm starr.

»Ich bin Inhaber eines kleinen Betriebes, in dem zweiundachtzig Menschen beschäftigt sind. Gewiß, das sind zu viele, als daß man wirklich von einer großen Familie sprechen könnte, aber es sind auch nicht so viele, daß ein ganz unpersönliches Verhältnis nötig oder auch nur möglich wäre. Von den zweiundachtzig Menschen ist niemand nur eine Nummer. Ich glaube, daß sie alle recht gern bei mir arbeiten. Sie grüßen mich freundlich, sie sagen mir offen ihre Meinungen und Wünsche, und ich versuche, ihnen so günstige Arbeitsbedingungen zu geben, wie es eben bei der Art meines Betriebes möglich ist.

Jedesmal, wenn ein neuer Arbeiter oder Angestellter bei mir eintritt, lasse ich ihn in mein Büro bitten und unterhalte mich mit ihm unter vier Augen. Dabei sage ich ihm auch, daß ich gern helfen würde, falls er einmal eine Hilfe brauchte, die in meiner Macht stünde. Das ist durchaus keine leere Phrase, und ich habe in den vergangenen Jahren oft genug Gelegenheit gehabt, die eine oder andere bescheidene oder gewichtigere Hilfe leisten zu können.

Seit ungefähr einem Jahr und bis vor zwei Monaten war ein Lehrling bei mir beschäftigt. Ein Junge von fünfzehn Jahren, an dem jeder seine Freude hatte. Ein quicklebendiger Bursche, der stets den Eindruck machte, als sei er angefüllt mit Temperament und Lebensfreude. Er tat seine Arbeit mit einem ständigen Lächeln, war von jener Lausbubenhaftigkeit, die niemand verärgert, und wurde von allen Leuten im Betrieb nach Kräften verwöhnt. Sogar von den sonst Unzugänglichsten. Es lag wohl daran, daß er so war, wie man sich seinen eigenen Jungen wünscht.

Ich wußte von ihm genau so viel wie von jedem meiner Angestellten. Oder genau so wenig. Wir überschätzen ja zumeist unser Wissen um unsere Mitmenschen. Er kam aus einer Familie in auskömmlichen, wenn auch nicht etwa reichlichen Verhältnissen. Er hatte zwei jüngere Geschwister, der Vater war ein kleiner Postangestellter.

Vor etwa drei Monaten fiel mir zum erstenmal auf, daß ein Schatten über dem sonst so fröhlichen Jungengesicht lag, aber ich beachtete es nicht sonderlich. Schließlich muß man wohl auch einem Fünfzehnjährigen das Recht auf gute und trübe Stimmungen einräumen, das wir selbst gern und ohne lange zu fragen in Anspruch nehmen. Einige Tage später sagte mir sein Abteilungsleiter, daß der Junge merkwürdig verändert sei. Sein frisches Temperament scheine ihn ganz verlassen zu haben, sein Lächeln sei selten geworden, und seine Lausbubenhaftigkeiten hätten ganz aufgehört.

Nun, beunruhigend war das nicht. Ich scherzte: ›Vielleicht hat er Liebeskummer?‹ Der Abteilungsleiter ging auf den leichten Ton ein und meinte, daß in einem solchen Jungen eben doch schon ein kleiner Mann stecke, und Männer seien nun einmal unberechenbar.

Vierzehn Tage später ließ sich die auffällige Veränderung des Jungen nicht mehr stillschweigend übersehen; denn nun war man auch mit seiner Arbeit nicht mehr zufrieden. Gewiß, Mangel an gutem Willen war ihm nicht vorzuwerfen, und nur dieser Vorwurf hätte mich, wäre er berechtigt gewesen, erbosen können. Aber es fehlte ihm an Konzentration. Immer wieder machte er die dümmsten Fehler, und oft blickte er von seinem Platz in irgendeine Ferne seinen Gedanken nach. Ich ließ ihn zu mir kommen.

Er saß mir mit gesenktem Blick gegenüber, und seine Finger zuckten unruhig. Er hatte mich beim Eintreten nicht angesehen und mied auch jetzt meinen Blick. Ich wußte, daß ein breiter Schreibtisch zwischen zwei Menschen wie eine unübersteigbare Wand sein kann, wenn auf einer Seite der Vorgesetzte, auf der anderen der Untergebene sitzt. Deshalb hatte ich ihn aufgefordert, in einem Sessel am kleinen runden Tisch mir gegenüber Platz zu nehmen. Ich wollte ihm keine Strafpredigt halten. Das tut selten gut. Ich wollte nur die Gründe einer so offensichtlichen Veränderung erforschen und ich wollte helfen, falls sich mir die Gelegenheit dazu böte. Aber ich erreichte mein Ziel nicht. Unser Gespräch verlief ganz anders, als ich es mir gewünscht hatte. Ich will versuchen, es möglichst genau wiederzugeben.

›Ich habe dich rufen lassen, Tobias, weil ich glaube, daß etwas mit dir nicht in Ordnung ist. Du bist in letzter Zeit anders als bisher. Das ist mir aufgefallen. Willst du mir nicht einmal erzählen, was dich bedrückt?‹

Ich wartete auf Antwort, aber es kam keine. Nur der Kopf des Jungen sank noch tiefer. Sein Gesicht war sehr blaß. Jetzt konnte ich es kaum noch sehen.

›Bitte, Tobias, du weißt doch, daß man mit mir reden kann. Ich will dir gar keine Vorwürfe machen. Ich möchte nur wissen, was eigentlich los ist. Du darfst ganz offen sein. Gefällt dir deine Arbeit nicht? Findest du jetzt, daß ein anderer Beruf für dich besser gewesen wäre?‹

Der Junge schwieg weiter, aber er schüttelte langsam den Kopf.

›Gut, das ist es also nicht. Das freut mich. Es freut mich wirklich. Ich sage es nicht nur so. Du weißt doch, daß wir dich alle sehr gern mögen, nicht wahr?‹

Zum erstenmal blickte er auf, und ich sah seine Augen. Sie waren groß und ratlos, aber für eine Sekunde blitzte es warm darin auf, als er leise sagte: ›Ja, ich weiß.‹

›Na, siehst du! Es ist gut, daß du das weißt. Alle haben dich gern. Einen feinen Kerl wie dich mag man immer gut leiden.‹

Sein Kopf hatte sich wieder gesenkt, und jetzt krampften sich die schmalen Knabenhände um die Armlehne des Sessels. Er sagte etwas, aber es war so leise, daß ich es nicht verstand.

›Wie bitte?‹

›Ich bin kein feiner Kerl!‹ Jetzt klang es ganz fest, wenn auch immer noch leise. Hätte wenigstens eine Spur von Trotz in seiner Stimme gelegen, so hätten mich die Worte nicht so berührt. Aber es lag kein Trotz darin. Er stellte lediglich fest. Mit der gleichen Sicherheit, mit der man irgendeine bekannte Tatsache feststellen würde. Es klang wie ein festbegründetes, endgültiges Urteil. Und es lag eine gewisse Gleichgültigkeit darin, wie wir sie dem Unabänderlichen entgegenbringen, wenn wir es einmal als solches erkannt haben. Das berührte mich so stark. Aber es lenkte meine Gedanken auch auf die Bahn eines leichten Mißtrauens, das ich mir jedoch nicht anmerken lassen wollte.

›Das glaube ich dir nicht, Tobias. Ich kenne mich gut mit Menschen aus, verlaß dich darauf. Und laß doch nicht den Kopf hängen. Du mußt mir nur sagen, was dich bedrückt, dann finden wir schon eine Möglichkeit, alles wieder besser zu sehen. In ein paar Tagen lachst du selber über deine Kopfhängerei.«

Er schüttelte den Kopf, und seine Wortlosigkeit machte mich ungeduldig.

›Aber du mußt reden, sonst kann ich dir nicht helfen!‹

›Sie können mir nicht helfen, Herr Direktor. Niemand kann das. Höchstens ich selber.‹ Er schluckte. ›Und ich kann es auch nicht.‹

›Hast du kein Vertrauen zu mir?‹

Er sagte nicht ja, und er wollte wohl nicht nein sagen. Die Knöchel seiner Hand waren ganz weiß, so fest umspannten seine Finger die Lehne, als suche er einen Halt. Ich nahm ihm sein Schweigen übel. Wir sind leicht beleidigt, wenn wir das Vertrauen eines Menschen erbitten und zurückgewiesen werden, wenn wir helfen möchten und das Gefühl haben müssen, als aufdringlich empfunden zu werden. Vielleicht klang meine Stimme rauher, als ich es beabsichtigte.

›Nun gut, wie du willst. Überlege es dir noch einmal. Und wenn du mit mir sprechen willst, komm zu mir. Ich werde Zeit für dich haben.‹

Ich stand auf, und auch er erhob sich. Jetzt sah ich wieder sein Gesicht. Seine Schultern hatten es nicht verraten, aber jetzt sah ich, daß er weinte. Einen Augenblick war ich versucht, ihn ganz einfach in die Arme zu nehmen, seinen Kopf an meine Brust zu drücken und ihm übers Haar zu streichen, wie ich es zu Hause mit meinem eigenen Buben mache, wenn er Kummer hat. Aber ich tat es nicht. Ich glaubte, daß ich als Chef wohl gütig, zuredend und verständnisvoll, nicht aber zärtlich sein durfte. Er hätte die Geste wohl auch mißdeuten können. Und doch hätte ich es tun sollen. Vielleicht hätte er sich ausgeweint und mir dann doch gesagt, was ihm fehlte. Vielleicht – aber ich versteckte mich hinter diesem Vielleicht. Bestimmt wäre dann alles anders geworden. Ich tat es nicht. Ich klopfte ihm auf die Schulter und sagte in einem Ton, den ich für forsch hielt: ›Kopf hoch, es wird schon halb so schlimm sein.‹ Und ich lächelte ihm in sein freudloses Gesicht und sah ihm nach, als er mit hängenden Schultern mein Büro verließ. Mir war, als zögerte er einen winzigen Augenblick, als wollte er sich noch einmal umwenden. Aber er ging hinaus, und sein ganzer Körper war Hoffnungslosigkeit.

Ich kann nicht behaupten, daß ich den Lehrling und das Gespräch mit ihm vergessen hätte. Ich dachte recht oft an ihn, und wenn ich an ihm vorüberging, sah ich ihn forschend an. Aber wenn er meinen Blick bemerkte, wandte er sich ab, oder es war, als verberge er sein Gesicht hinter einem undurchdringlichen Vorhang der Abweisung. Um ein Gespräch bemühte ich mich in der folgenden Woche nicht mehr, war auch von dessen Nutzlosigkeit überzeugt.

Der entscheidende Tag kam genau eine Woche später. Am 11. September. Ich werde das Datum kaum vergessen können. Ich hatte einen sehr arbeitsreichen Tag hinter mir und saß noch an meinem Schreibtisch, als die Arbeitszeit längst vorüber war. Am nächsten Morgen mußte ich verreisen, und für den Abend hatte ich meiner Frau versprochen, mit ihr in die Staatsoper zu gehen. Wir liebten den ›Bajazzo‹ beide sehr.

Es war schon sieben Uhr, als ich mein Büro verließ, und ich durfte keine Minute mehr verlieren, wenn ich mein Versprechen halten wollte. Ich sprang schnell die Treppe hinunter und wollte an meinen Wagen eilen, während der Nachtwächter die Tür hinter mir schloß. Da sah ich Tobias stehen. Er trat auf mich zu.

›Herr Direktor, kann ich Sie sprechen, bitte?‹

›Ich habe keine Zeit, Junge.‹

Sein Gesicht erstarrte in einer Maske von Angst und Verzweiflung. ›Sie haben mir doch versprochen, daß Sie Zeit für mich hätten.‹

›Ja, ja, aber doch nicht gerade heute. Es ist zu spät. Ich muß heim. Komm morgen zu mir, nein, übermorgen. Morgen bin ich verreist.‹

›Übermorgen ist es zu spät, es muß heute sein!‹ Jetzt klang seine Stimme herausfordernd und trotzig, und ich fühlte den Ärger in mir aufsteigen.

›Du hättest vor einer Woche mit mir reden können und seitdem jeden Tag. Heute geht es nicht. Ich habe anderes vor.‹ Ich stieg in meinen Wagen, und während ich ihn startete, sah ich den Jungen stehen. Die Arme hingen schlaff herab, die Schultern waren gesenkt wie bei einem alten

Mann, und die Augen blickten unwirklich groß aus dem weißen Gesicht. Sie schienen nirgendwohin zu blicken.

Aber ich fuhr davon und war gerade noch rechtzeitig daheim, um mich umzukleiden und mit meiner Frau in die Oper zu fahren.

Als ich am übernächsten Morgen in mein Geschäft kam, schien es mir, als senkten sich alle Blicke, wenn ich vorbeiging. Es war eine merkwürdig gedrückte Stimmung, und die Sekretärin in meinem Vorzimmer sah aus, als hätte sie geweint.

Ich rief den Abteilungsleiter an: ›Herr Krause, schicken Sie mir doch bitte gleich einmal den Tobias, Ihren Lehrling.‹

›Jawohl, Herr Direktor.‹

Gleich darauf klopfte es, und ich stand lächelnd auf. Aber es war nicht der Junge, Herr Krause stand in der Tür, und ich hatte den Mann niemals zuvor in einer solchen Verfassung gesehen. Er zitterte am ganzen Körper. Seine Lider zuckten nervös, und das Stückchen Papier in seiner Hand knitterte unter seinen Fingern. Er trat ein. Seine Schritte waren wie ein Fallen. Achtlos setzte er sich auf den Rand eines Sessels. Ohne mich zu begrüßen, streckte er mir den Zettel entgegen, als wäre er heiß und sengte ihm die Finger. Ich nahm und las, was da mit unfertiger Knabenhandschrift geschrieben stand:

›Meine lieben, lieben Eltern! Ich wollte Euch nicht weh tun, aber jetzt geht es nicht mehr anders. Ich habe im Büro gestohlen. Fünfzig Mark aus der Portokasse. Ich wollte es wieder hineinlegen, aber ich hatte es dann nicht mehr. Und morgen ist Kontrolle, dann wird man es merken. Und man wird mich fortjagen. Und Ihr werdet Euch schämen müssen über Euren Jungen, auf den Ihr immer so stolz wart. Das will ich nicht. Bitte, liebe Eltern, nehmt es mir nicht übel, was ich Euch antue. Ich weiß nichts anderes mehr. Verzeiht mir. Euer Tobias.‹

Ich fühlte, daß mein Gesicht ohne Farbe war, und es schien mir, als drehte sich das Büro um mich im Kreise.

›Und was ist mit dem Jungen?‹ Ich erkannte meine eigene Stimme nicht.

›Tot. Seine Mutter hat ihn heute früh in seinem Zimmer gefunden. Erhängt.‹

Ich blieb starr stehen und sagte: ›Es ist gut, Herr Krause‹, und ich sah, wie er aus dem Büro schlich. Dann saß ich hinter meinem Schreibtisch und weinte. Ja, ja, ich weiß, Männer weinen nicht. Aber ich weinte. Es war nicht so sehr die Trauer um den toten Jungen, einen Fünfzehnjährigen, der keinen Ausweg mehr gefunden und deshalb den einzigen Weg gewählt hatte, der niemals ein Ausweg sein kann. Ich weinte, ich wußte nicht warum.«

An dieser Stelle schwieg der Erzähler lange, aber ich störte sein Schweigen nicht, weil ich fühlte, daß er noch nicht alles gesagt hatte. Er blickte starr vor sich hin. Er sah mich nicht. Es war ihm auch wohl gleichgültig, wer ihm zuhörte. Er hatte mich vergessen. Und dann fuhr er ganz leise, fast flüsternd fort:

»Es läßt mir keine Ruhe. Ich weiß, daß der Junge noch am Leben wäre und seinen Frohsinn wiedergefunden hätte, wenn ich ihn an jenem Abend angehört hätte. Aber ich habe ihn nicht angehört. Er wäre nicht tot, und sein Fehler hätte ihm nur geholfen, reifer zu werden, erwachsener zu werden. Ich hätte ihn nicht davongejagt.«

Plötzlich blickte er mich an, und seine Stimme wurde hart und unpersönlich: »So, mein Herr, nun kennen Sie die Geschichte. Und nun urteilen Sie.«

Ich wußte nichts zu sagen, und wie immer, wenn eine klare Antwort fehlt, versuchte ich eine wortreiche Erörterung zu beginnen, aber er unterbrach mich: »Nein, danke, ich weiß das alles selbst ganz genau. Seit zwei Monaten denke ich nichts anderes mehr. Ich weiß auch, daß der Junge sich nicht hätte umzubringen brauchen. Er hätte sich das Geld leihen können. Er hätte einen Vorschuß bekommen, sobald er nur danach gefragt hätte. Aber ich kann ihm nicht vorwerfen, daß er im Grunde zu ehrlich war, seine einzige unehrliche Handlung geschickt zu verbergen. Was ich von Ihnen erwarte, ist nur ein knappes Urteil: Trage ich die Schuld am Tode dieses Jungen, oder trage ich sie nicht?«

»Aber nein, niemand kann das behaupten, und niemand wird es tun.«

Er lächelte ironisch, als mache er sich über meine Antwort lustig: »Dann bin ich also völlig unschuldig?«

Widerwillig antwortete ich: »Auch das kann man nicht so leichthin sagen. Wir werden alle einmal unschuldig-schuldig. Niemand kann es uns vorwerfen. Es liegt eine gewisse Schuld darin, wenn wir nicht in dem Augenblick zur Hilfe bereit waren, in dem unsere Hilfe gebraucht wurde: weil wir keine Zeit hatten, weil wir nicht auf den rechten Augenblick achteten, weil wir ihn nicht erfühlten. Weil wir Menschen sind und deshalb unvollkommen. In diesem Sinne sind wir manchmal nicht unschuldig.«

»Also schuldig?«

»In diesem Sinne, ja.«

Er stand brüsk auf, legte fünf Mark als Bezahlung für den Tee neben das Glas, verbeugte sich leicht, sagte freundlich: »Ich danke Ihnen, mein Herr«, und ging hinaus.

Ich sah ihm nach und bedauerte seinen plötzlichen Aufbruch. Das Thema schien mir nicht erschöpft, meine Antwort falsch und unvollständig.

Seitdem habe ich ihn nicht mehr gesehen.

Tage später erkundigte ich mich bei der Kellnerin. »Herr Schrader?« fragte sie. »Ja, haben Sie denn das nicht gehört? Er ist tot. Vor ein paar Tagen. An dem Abend, an dem er sich so lange mit Ihnen unterhalten hat, ist er gegen einen Baum gefahren. Er soll gleich tot gewesen sein. Schade, ein netter Herr. Aber in letzter Zeit war er immer so komisch. Ganz verändert. Irgend etwas hat wohl nicht gestimmt.«

Seitdem beschäftigt mich die Frage, die ihn gequält hat. Ich glaube nicht an einen Unfall. Solche Zufälle scheinen mir nur als billige Erklärungsversuche tauglich, für wahrhaft möglich halte ich sie nicht.

Lebte er noch, wenn meine Antwort anders ausgefallen wäre? War mein letztes Wort: »In diesem Sinne – schuldig« sein Todesurteil? Er hatte nicht eine Meinung erbeten, sondern ein Urteil. Hatte er mich zum Richter über sich bestellt?

Ich weiß es nicht.

Dürfen wir urteilen, können wir urteilen? Was richten wir an, wenn wir aus dem Gefühl unseres Wissens, unserer Weisheit entscheiden wollen, was nicht zu entscheiden ist, klären wollen, was wir nicht einmal begreifen, Wahrheiten zu sagen meinen, wo wir nur tasten können, forschen, fragen? Haben wir ein Recht zu antworten, zu urteilen und – zu richten?

Ich weiß es nicht.

Marie Luise Kaschnitz

CHRISTINE

Wie mein Mann ist in der letzten Zeit, ich kann das gar nicht beschreiben. Wie er dasitzt, ganz still mitten im Zimmer und vor sich hin starrt und durch einen hindurchstarrt, als wäre da gar nichts, nicht einmal ein Körper mit Armen und Beinen und einem Kleid und einer Schürze, geschweige denn seine eigene Frau. Schorsch, sage ich und versuche meiner Stimme einen lustigen Klang zu geben, schau nicht ins Narrenfenster, geh lieber hinaus in den Garten, die Rosen müssen zugedeckt werden, heute nacht gibt es Frost. Ich könnte das natürlich selbst tun oder eines von den Kindern schicken, ich bin keine von den Frauen, die ihren Mann anstellen zu diesem und jenem, und Geschirr abgewaschen hat er noch nie. Es ist mir aber nicht recht, daß er sich hat krank schreiben lassen, weil er gar nicht krank ist, und daß er zu Hause sitzt und auf dumme Gedanken kommt, weil ich schon weiß, was das für Gedanken sind, nicht, was Sie jetzt glauben, oder doch, was Sie glauben, aber so einfach, so alltäglich ist es nicht. –

So einfach, so alltäglich, ein Mann von beinahe fünfzig, ein Vater von vier Kindern, und die Frau ein bißchen dick um die Hüften, und er kann sich nicht mehr vorstellen, daß er einmal verrückt vor Liebe war, und wenn er daran denkt, geniert er sich. Aber verrückt vor Liebe, das möchte er einmal wieder sein, noch einmal im Leben sein, wenn auch nur in Gedanken, ja besser nur in Gedanken, weil ohnehin alles so mühsam ist, die Frau paßt auf, und die Kinder passen auf, die Kinder sind groß. Die Gedanken hat man im Strandbad, wenn man da sitzt mit der ganzen Familie und mit dem Frühstückskorb, und sieht die Mädchen auf dem Sprungbrett, oder auch auf der Straße, vor dem Fenster, es ist Abend, die Geschäfte schließen, und die Mädchen gehen Arm in Arm. So ist das bei den Männern um fünfzig, das geht vorbei, darüber braucht man sich nicht aufzuregen, und am besten tut man, als bemerke man es nicht. Aber ich rege mich doch auf, wenn mein Mann am Fenster steht, und noch mehr, wenn er mitten im Zimmer sitzt, ohne Zeitung, ohne nichts. Ich rege mich auf, weil ich weiß, was bei ihm dahintersteckt und daß es nicht die Angst vor dem Alter, sondern eine ganz bestimmte Erinnerung ist.

Sehen Sie zu, Frau Bornemann, daß Ihr Mann das alles so schnell wie möglich vergißt, hat der Arzt damals gesagt, unser Hausarzt, den wir eigentlich nur für die Kinder hatten, denn wir beide waren nie krank. Wir waren ja auch noch jung, achtunddreißig und zweiunddreißig Jahre alt, und die Kinder waren noch klein. Mein Mann war damals schon bei Gütermann angestellt, wo er heute noch ist. Wir wohnten aber noch nicht hier, sondern in einer Vorstadtsiedlung, so einer Armeleute-Villenkolonie, kleine Reihenhäuser, die schon zerfallen, ehe sie noch recht fertig sind. Bald nachdem geschehen war, was geschehen ist, ich erzähle es gleich, bald danach also sind wir weggezogen, ich habe darauf gedrängt, das war ja nichts, immer den kleinen Vorgarten sehen und das Asternbeet und die Gitterstäbe, die das Kind mit seinen kleinen, von der Kälte blauen Hände umklammert hat, und eine Strähne von seinem weißblonden Haar hing noch lange am Gitter, und niemand traute sich, sie wegzunehmen und fortzuwerfen.

Natürlich denken Sie jetzt, es wäre eines von unseren Kindern gewesen, dessen Haar da draußen am Gitter gehangen hat und das mein Mann nicht vergessen kann. Aber eines von unseren Kindern war es nicht. Unsere Kinder sind alle aufgewachsen, sie sind immer kräftig und gut in der Schule gewesen und haben uns Freude gemacht. Ja, auch meinem Mann haben sie Freude gemacht, und niemals hat er sie so angesehen, wie er sie jetzt manchmal ansieht, so gleichgültig und beinahe widerwillig und manchmal sogar mit einem Ausdruck von Ekel, wie man ein Tier ansieht, ein lästiges, widerwärtiges Tier.

Das war ungefähr vor zehn Tagen, ja, vor zehn Tagen ganz genau. Es war am Sonntag, und weil wir jetzt einen Wagen haben, fahren wir am Sonntag oft den ganzen Tag weg, obwohl wir manchmal lieber zu Hause blieben und die Kinder lieber lange im Bett liegen und nachmittags mit ihren Freunden zusammen sein möchten. Beim Frühstück überlegen wir, wohin wir fahren möchten, und dabei gibt es meistens schon Streit. Die Jungen sind unausgeschlafen und schlecht gelaunt, und die Mädchen haben die Gesichter voll Fettcreme, weil sie behaupten, daß am Sonntag ihre Haut ausruhen muß. Alle Kinder rekeln sich und gähnen, und mein Mann hat die Landkarte vor sich liegen und schlägt dies oder jenes vor, und immer hat einer etwas dagegen, da ist kein Wasser, und dort ist kein Wald, und dort ist es langweilig, und da ist es zu still. Ich versuche, Frieden zu stiften, und ich sage auch, daß die Kinder nicht mit vollem Mund sprechen und ihre Servietten nicht zerknüllt auf den Tisch werfen sollen. Aber ich nehme das alles nicht so wichtig, und mein Mann hat es auch nie so wichtig genommen, nur an dem Tag hat alles ihn geärgert und gestört. Er hat etwas gesagt von schmutzigen Fingernägeln und daß Judith zu dick sei, um lange Hosen zu tragen. Natürlich haben die Kinder widersprochen, Beppo hat erklärt, er könne keine sauberen Nägel haben, wenn er Kohlen heraufholen müsse, und Judith hat gesagt, von wem hab' ich den Speck auf den Hüften, die

Mutti ist auch ganz schön besetzt. Das ist wahr, und es ist auch wahr, daß die Kinder dick und überhaupt schlecht gewachsen sind und daß sie plumpe Finger und breite Gesichter haben. Aber das ist wirklich nicht ihre Schuld. Es ist nicht ihre Schuld, und es ist auch kein Grund, das zu tun, was mein Mann damals getan hat. Nämlich aufzustehen und die Karte hinzuwerfen und zu schreien, dafür, dafür – und aus dem Zimmer zu rennen wie verrückt.

Natürlich weiß ich jetzt ganz genau, was diese Worte – dafür, dafür – eigentlich zu bedeuten hatten. Aber damals wußte ich es noch nicht. Ich blieb am Tisch sitzen und beruhigte die Kinder, die übrigens gar nicht besonders beeindruckt waren, ja, der Jüngste, Uwe, murmelte sogar etwas wie »wohl nicht ganz richtig« vor sich hin. Das war eine Ungezogenheit, aber es schnitt mir auch durchs Herz, weil ich fühlte, daß wirklich etwas nicht ganz richtig war. Wir sind an jenem Sonntag schließlich allein weggefahren, ohne die Kinder. Wir haben einen Spaziergang gemacht und im Wald irgendwo Kaffee getrunken. Mein Mann war die ganze Zeit still und bedrückt. Als wir in dem Waldcafé saßen, wo eine Menge lustiger junger Leute den Nachmittag mit Bootfahren und Tanzen zubrachten, fing er wieder an, die Mädchen ins Auge zu fassen, aber nicht wie einer, der gern auf Abenteuer ausginge, sondern ernst und aufmerksam, als suche er jemanden, eine ganz bestimmte Person. Und dann ging auf einmal ein junges Mädchen an unserem Tisch vorbei, Hand in Hand mit einem jungen Mann, wie das jetzt üblich ist, ein Mädchen mit offenen weißblonden Haaren und einem zarten, fast durchscheinenden Gesicht. Mein Mann richtete sich auf und sah das Mädchen genau an, und dann ließ er seinen Kopf auf die Hände fallen und sagte, das könnte sie sein, mit einer Stimme, die brüchig und hart und verzweifelt klang. Und nun wußte ich mit einemmal, was er meinte und warum er am Morgen dafür, dafür gesagt hatte und daß all meine Bemühungen umsonst gewesen waren.

All meine Bemühungen, das klingt so feierlich nach Vorsatz und Plan. Ich habe aber niemals bestimmte Vorsätze gehabt und mir nie einen Plan gemacht. Fort, habe ich damals gedacht, fort aus der Wohnung, aus der Gegend, von den Bekannten, ans andere Ende der Stadt. Das war ein Ziel und eine Beschäftigung, und dann habe ich andere Ziele und Beschäftigungen gesucht. Ich war nicht geldgierig, in der kleinen, schäbigen Wohnung war ich ganz zufrieden gewesen, und ich war auch nicht ehrgeizig für meinen Mann, er sollte nur so viel verdienen, daß die Kinder etwas lernen konnten. Jetzt aber fing ich an zu drängen, er sollte vorankommen, eine leitende Stellung haben. Er saß am Abend über seinen Büchern, das machte ihm Freude. Als er nach ein paar Jahren wirklich Abteilungsleiter wurde und wir am Abend seine Beförderung mit einem Glas Wein feierten, sogar die Kinder weckten, sie anstoßen, trinken und Prosit sagen ließen, fiel mir noch einmal unser alter Hausarzt aus der Siedlung ein, und ich sah meinen Mann an und dachte, er hat es vergessen, wir sind über den Berg. Aber jetzt wußte ich, daß wir nie über den Berg gekommen sind. Denn die Worte dafür, dafür haben bedeutet, für diese Kinder, für diese Frau, für dieses Familienleben habe ich die Schuld auf mich geladen, die kein Mensch mir mehr abnehmen kann. Und als mein Mann angesichts des schönen und zarten Mädchens im Waldcafé sagte, das könnte sie sein, hat er an das Kind gedacht, das einmal vor unserer Gartentür ermordet wurde und das vorher so jämmerlich um Hilfe schrie.

Von einer Schuld meines Mannes kann natürlich gar keine Rede sein. Wenn überhaupt jemand schuld ist, bin ich es. Das habe ich meinem Mann hundertmal gesagt, damals, als die Polizei dagewesen ist und er so etwas wie einen Zusammenbruch hatte, stiere Augen und zitternde Hände und Blasen von Speichel vor dem Mund. Ich habe es auch den Polizisten gesagt, und sie haben versucht, meinen Mann zu beruhigen, und gemeint, wir würden nur als Zeugen vernommen, und als Zeugen waren wir auch bei der Gerichtsverhandlung, und niemand hat meinem Mann je einen Vorwurf gemacht. Wir haben nur sagen müssen, wie es war, so und so, mein Mann war an dem Tag zu Hause, weil er krank gewesen war, nicht wie jetzt, sondern wirklich krank. Er war den ersten Tag aus dem Bett und steht da am Fenster, und ich decke den Tisch ab und sehe auch gerade zum Fenster hinaus. Das Kind kommt auf dem Bürgersteig gerannt, ein dünnes, weißblondes Kind, das wir nicht kennen, und ein großer schwerer Mann, den wir auch nicht kennen, kommt gleich hinterher. Das Kind sieht uns, oder doch wenigstens meinen Mann, und fängt an zu schreien und rüttelt an unserer Gartentür, die aber zu ist, und der Große, Schwere wirft sich über das Kind, greift unter die weißen Haare und legt ihm von hinten die Hände um den Hals. Zwischen dem ersten Hilfeschrei des Kindes und seinem Verstummen vergehen einige Minuten, während derer mein Mann sich umdreht und zur Tür hinaus will, was ihm nicht gelingt, weil ich mich an ihn hänge und die Finger wie Krallen in seinen Ärmel schlage und er mich nicht abschütteln kann. Geh nicht, sage ich ganz heiser vor Schreck und Angst, denk an die Kinder, geh nicht. Und weil ich das sage, bleibt mein Mann, der sich vielleicht hätte losreißen können, einen Augenblick stehen, gerade lang genug, daß der fremde Mann dort draußen dem schreienden Vögelchen die Kehle zudrücken kann. Das alles haben wir vor Gericht gesagt und auch einiges erfahren, daß das Kind mit Vornamen Christine hieß und daß es sieben Jahre alt war und erst seit wenigen Tagen in unserer Straße wohnte. Wir haben auch gehört, daß der Mann, der Mörder, ein Verrückter war, der sich von der ganzen Welt verfolgt glaubte, und daß er ein paar Minuten vorher von ganz anderen Kindern gehänselt worden war und gemeint hatte, sich rächen oder vor etwas ganz Unbestimmbarem schützen zu müssen. Aber nun frage ich Sie – was ging *uns* das eigentlich an?

Was geht es dich an, das habe ich damals auch meinem Mann gesagt, und ich habe auch gesagt, daß eine Menge Kinder sterben, solange sie noch klein sind, daß sie überfahren werden oder Kinderlähmung oder die Schwindsucht bekommen, Kinder sterben und Erwachsene sterben, das reißt nicht ab, jede Sekunde stirbt jemand auf der Welt. Jede Sekunde tut jemand seinen letzten Atemzug, und wenn er sich nicht an die Stäbe eines Gartengitters klammert, so klammert er sich an das Leintuch oder an die Erde oder an die Hand, die ihm den Schweiß abtrocknen will. Früh sterben ist Schicksal, sage ich, und wer weiß, was dem Kinde noch geschehen wäre, vielleicht etwas viel Schlimmeres, und obwohl ich selbst das Kind damals ins Haus getragen und sein kleines, angstverzerrtes Gesicht an meine Brust gedrückt habe, sage ich das auch heute noch. Wahrscheinlich wird es Leute geben, die mir das übelnehmen, aber ich kann nichts dafür, daß mir mein Mann nähersteht als ein fremdes, kleines Mädchen, das Christine heißt. Ich kann nichts dafür, daß ich während der ganzen Gerichtsverhandlung nur sein ratloses bleiches Gesicht gesehen habe und daß ich nichts anderes gedacht habe als, mit einem großen Zorn, warum mußte gerade uns das geschehen? Warum mußte das Kind auf unserer Straßenseite gehen, obwohl es doch auf der anderen, der mit den ungeraden Nummern wohnte, und warum mußte der Verrückte es gerade vor unserer Gartentür einholen? Warum mußte es gerade ein Tag sein, an dem mein Mann zu Hause war, und warum mußten wir uns im Wohnzimmer aufhalten, obwohl wir sonst um diese Zeit meistens in der Küche sind? Warum mußte alles so sein, daß mein Mann den Gedanken nicht los wird, daß er das Kind hätte retten können ...

Denn jetzt weiß ich wohl, daß alles, sein Aufstieg im Geschäft und das eigene Haus und das gute Leben ihn von diesem Gedanken nicht befreien können. Ich weiß, daß er mich haßt, weil ich ihn damals festgehalten habe, und daß er die Kinder haßt, weil sie leben und gesund und kräftig sind. Seit dem Sonntag, an dem wir in den Wald fuhren, beobachte ich ihn unablässig, und manchmal möchte ich ihn schütteln vor Zorn. Wach doch auf, möchte ich schreien, das sind ungesunde Träume, wo kommen wir denn hin, wenn wir uns alles, was geschieht, so nahegehen lassen, man sieht ja an dir, wo wir hinkommen, in die Einsamkeit, in die Schwermut, in das Nicht-ganz-richtig-Sein, denn richtig sein, das heißt doch, alles nehmen, wie es kommt, und das Beste daraus machen und nicht einem Hirngespinst nachhängen, einem Wesen, das man gar nicht gekannt hat und das schon zehn Jahre lang nicht mehr am Leben ist.

Aber manchmal denke ich auch, daß es gar nicht das Schuldgefühl ist, das meinen Mann umtreibt und quält. Ich denke, daß das tote Kind für ihn so etwas bedeutet wie die Anmut und die Schönheit an sich, und weil es so früh gestorben und gar nicht recht mit der Welt in Berührung gekommen ist, ist es auch so geblieben, so anmutig und so rein. Und dann gebe ich im geheimen zu, daß zwar für Frauen alles einen Sinn und Verstand haben muß, daß aber Männer einem Traum nachhängen und traurig sein dürfen über den Wahnsinn und die Unvollkommenheit der Welt. Ich gebe es zu, im geheimen, gerade eben habe ich das getan, als ich in den Garten hinauskomme, und mein Mann steht da und hat wirklich mit Tannenzweigen und alten Säcken die Rosen zugedeckt, und jetzt schaut er die Birke an, die irgendein Ungeziefer hat, das ihr die Blätter zusammenrollt, und macht ein unglückliches Gesicht. Ich sehe ihn an und habe ihn so lieb wie nie im Leben, auch in den ersten Jahren unserer Ehe nicht. Aber ihm das zu sagen, würde ich mich nicht getrauen. Also lege ich ihm nur meine Hand auf den Arm, ganz leicht, und sage, vielen Dank, und er dreht sich nach mir um, erstaunt, aber unfreundlich nicht.

Nikolai Leskow

DER GAST BEIM BAUERN

Diese wahre Geschichte, die davon handelt, wie Christus an einem Weihnachtsfeste selbst zu Gast zu einem Bauern kam, und davon, was er ihn da lehrte, vernahm ich von einem alten Sibirjaken, der die Begebenheit in nächster Nähe miterlebt hatte. Was er mir erzählte, werde ich mit seinen eigenen Worten wiedergeben.

Unsere Gegend ist eine Verbanntensiedlung, doch eine gute, Handel treibende Gegend. Mein Vater kam hin zu der Zeit, als in Rußland noch die Leibeigenschaft herrschte, ich aber bin bereits dort geboren. Wir hatten Vermögen, ausreichend für unsere Verhältnisse, sind auch jetzt nicht arm. Wir halten uns an den üblichen schlichten russischen Glauben. Mein Vater war belesen und brachte auch mir die Lust zum Lesen bei. Wer das Wissen liebte, galt mir für den vornehmsten Freund, ich war bereit, für ihn durch das Feuer oder das Wasser zu gehen. Und nun bescherte der Herr, mir zur

Freude, mir einst den Freund Timofei Ossipowitsch, von dem ich ihnen gerade erzählen will, wie ihm ein Wunder widerfuhr.

Timofei Ossipowitsch geriet zu uns noch als ein junger Mann. Ich war damals achtzehn Jahre alt, er aber vielleicht so einige zwanzig. Timoschas Lebensführung war die allerbeste. Warum er vom Gericht zur Verbannung verurteilt worden war, danach fragt man aus Rücksicht unter unseren Verhältnissen nicht, doch hieß es, ein Oheim habe ihn geschädigt. Jener sei des Waisenknaben Vormund gewesen und habe fast dessen gesamtes Gut entweder durchgebracht oder sich angeeignet. Timofei Ossipowitsch aber habe damals, entsprechend seinen jungen Jahren, der Geduld ermangelt; es sei zwischen ihm und dem Oheim zum Streit gekommen, er habe auf den Oheim mit der Waffe eingestochen. Dank Gottes Barmherzigkeit sei nun diese sündhafte Wahnwitztat nicht zur Vollendung gekommen – Timofei habe nur die Hand des Oheims durchstochen. Seiner Jugend wegen sei ihm keine schwere Strafe zuerkannt worden: er ward als einer vom Stande der Kaufleute bester Gilde zum Siedeln zu uns verbannt. Obwohl Timoschas Vermögen ihm zu neun Zehnteln geraubt worden war, auch mit dem letzten Zehntel ließ sich's leben. Er baute sich bei uns ein Haus und begann in ihm zu wohnen. Das Unrecht jedoch, das er erlitten hatte, kochte in seiner Seele, und lange hielt er sich von jedermann fern. Er saß andauernd zu Hause, und nur sein Knecht und dessen Weib bekamen ihn zu sehen; zu Hause aber las er immerzu Bücher, und zwar die allerfrömmsten. Schließlich wurden wir miteinander bekannt, gerade durch die Bücher, und ich begann ihn zu besuchen, er aber nahm mich gern an. Wir fanden Wohlgefallen aneinander.

Zu Anfang ließen meine Eltern mich ungern gehen. Sie wurden aus ihm nicht recht klug: »Man weiß nicht, wer er ist und warum er sich vor allem verbirgt. Möchte er dir nur nichts Schlechtes beibringen.«

Ich aber, der ich dem Elternwillen gehorchte, ich sagte ihnen, Vater und Mutter, wahrheitsgemäß, daß ich von Timofei nichts Schlechtes zu vernehmen bekäme und daß wir uns damit beschäftigten, zusammen Büchlein zu lesen und vom Glauben zu sprechen, welcherweis man gemäß Gottes heiligem Willen zu leben habe, um das Bild des Schöpfers in sich nicht zu erniedrigen und zu schänden. So erlaubte man mir, bei Timofei zu sitzen, soviel ich wollte, und mein Vater ging selbst zu ihm; danach kam Timofei Ossipowitsch auch zu uns. Meine Alten sahen, daß er ein guter Mensch war, und gewannen ihn lieb, und es begann ihnen leid zu tun, daß er häufig düster war. Gedachte er nämlich des Unrechtes, das man ihm angetan hatte, besonders auch, wenn man vor ihm nur mit einem Wörtchen seinen Oheim erwähnte, so ward er ganz bleich, ist hernach ganz durcheinander und läßt, ganz mutlos, die Hände sinken. Dann will er auch nicht mehr lesen und – anstatt seiner üblichen Freundlichkeit – leuchtet Zorn in seinen Augen. Er war von musterhafter Ehrlichkeit und ein kluger Kopf; infolge seines Grames jedoch enthielt er sich jedes Unternehmens. Doch seiner Schwermut half der Herr bald ab: ihm gefiel meine Schwester, er heiratete sie, hörte auf, sich zu grämen, begann vielmehr zu leben und zu gedeihen und zu verdienen und erwies sich nach zehn Jahren vor aller Welt Augen als ein höchst kapitalkräftiger Mann. Er errichtete sich ein Haus mit schönen Stuben; es war mit allem erfüllt, alles hatte er zur Genüge, er genoß die Achtung aller, und sein Weib war wakker, die Kinder gesund. Was bedurfte es da noch mehr? Man möchte meinen, alles vergangene Leid ließ sich vergessen, er aber gedachte dennoch des Unrechts, das ihm widerfahren, und einmal, als wir zusammen in einem Wägelchen fuhren und in aller Freundschaft plauderten, fragte ich ihn: »Wie nun, Bruder Timoscha, bist du jetzt mit allem zufrieden?«

»Wie meinst du das?« fragte er.

»Hast du jetzt alles wieder, was du in deiner Heimat verloren hast?« Er aber wurde auf der Stelle ganz bleich und antwortete kein Wort, sondern lenkte nur schweigend das Pferd.

Da bat ich um Entschuldigung. »Du, Bruder«, sag ich, »vergib, daß ich so fragte. Ich dachte, jenes Böse sei schon lange . . . vorbei und vergessen.«

»Es kommt nicht darauf an«, antwortete er, »daß es lange vorbei ist . . . Es ist vorbei, dennoch denkt man daran.«

Er tat mir leid, nicht jedoch in der Hinsicht, daß er ehemals mehr besessen hatte, doch darin, daß er sich in einer solchen Verfinsterung befand, daß er die Heilige Schrift zwar kennt und gut vom Glauben zu reden versteht, doch das Unrecht so ständig im Gedächtnis bewahrt. Das heiße doch, das Wort Gottes sei ihm nichts nütze?

Ich wurde nachdenklich, zumal ich in allem ihn für klüger als mich selber hielt und von ihm durch gute Gespräche Förderung erhoffte – er indessen gedenkt des ihm angetanen Bösen.

Er bemerkte das und spricht: »Woran denkst du eben?«

»Nur so«, spreche ich, »daran, was mir grad einfällt.«

»Nein, du denkst nach über mich.«

»Ich denke nach auch über dich.«

»Was denkst du da von mir?«

»Du, bitte sei nicht böse. Folgendes dachte ich von dir: Du kennst die Schrift, doch dein Herz ist voller Zornes und unterwirft sich nicht Gott. Hast du denn unter solchen Umständen irgendeinen Nutzen von der Schrift?«

Timofei wurde nicht böse, nur ward er im Antlitz betrübt und finster, und er spricht: »Du bist nicht kundig genug in der Heiligen Schrift, dich auf sie zu berufen.«

»Da hast du«, sage ich, »recht. Ich bin nicht kundig.«

»Kundig bist du auch nicht«, spricht er, »hinsichtlich dessen, was es in der Welt für Unrecht gibt.«

Ich stimmte ihm auch hierin zu, er aber hub an zu sagen, es gebe derartiges Unrecht, daß man es nicht ertragen könne – und erzählte mir, er sei nicht des Geldes wegen gegen seinen Oheim so zornig geworden, sondern aus einem anderen Grunde, der nicht zu vergessen sei: »In alle Ewigkeiten wollte ich darüber schweigen, jetzt aber will ich mich vor dir, als vor meinem Freunde, aussprechen.«

Ich sagte: »Sollte dir's frommen, sprich dich aus.«

So eröffnete er mir, daß sein Oheim schon seinen Vater tödlich gekränkt hatte, seine Mutter durch Kummer, den er ihr bereitet, ins Grab gebracht, ihn selber verleumdet und, alt, wie er gewesen, mit Schmeicheleien und Drohungen gewisse Leute bestimmt, ihm, dem Greisen, zur Frau das junge Mädchen zu geben, das der Timoscha von Kind auf geliebt und seit jeher zu heiraten sich vorgenommen hatte. »Kann man denn«, spricht er, »alles das vergessen? Ich vergeb es ihm zeitlebens nicht.«

»Gewiß«, erwiderte ich, »das Unrecht, das man dir angetan hat, ist groß – das stimmt. Daß aber die Heilige Schrift dir zu nichts nütze ist, ist ebenfalls keine Lüge.«

Er aber führt mir wieder zu Gemüte, daß meine Schriftkunde schwächer als die seine sei, und beginnt mir auseinanderzusetzen, wie doch nach dem Alten Testamente die heiligen Männer selber der Gesetzesbrecher nicht geschont, ja, sie mit eigenen Händen abgeschlachtet hätten. Wollte doch der Arme derart seine Gesinnung vor mir rechtfertigen.

Ich aber antwortete ihm bei meiner Einfalt einfältig.

»Timoscha«, spreche ich, »du bist ein kluger Kopf, bist belesen und weißt alles, und ich kann in Sachen der Schrift dir nicht widersprechen. Was ich gelesen habe, gestehe ich dir, verstehe ich nicht durchweg, weil ich ein sündiger Mensch und beschränkten Verstandes bin. Doch möchte ich dir sagen, daß im Alten Testamente alles so altertümlich ist und dem Verstande irgendwie zweideutig schillert; im Neuen aber steht es deutlicher. Dort leuchtet über allem das ›Liebe und Vergib‹, und das ist köstlicher denn alles, ist wie ein goldener Schlüssel, der jedes Schloß aufschließt. Was aber ist zu vergeben? Etwa irgendeine geringe Verfehlung und nicht gerade die ärgste Schuld?«

Er schweigt.

Da dachte ich: »Herr, gefiele dir's doch, durch mich ein Wort der Seele meines Bruders zu sagen! Und ich hielt ihm vor, wie sie Christum schlugen, mißhandelten, bespien und mit ihm so verfuhren, daß er nirgends eine Stätte hatte; er aber vergab allen.

»Folge«, sagte ich, »lieber diesem Beispiel und nicht dem Rachebrauch.« Er aber hub an mit weitläufigen Auslegungen des Inhalts, es habe jemand geschrieben, gewisse Dinge vergeben wäre dasselbe wie das Übel mehren.

Dem konnte ich nicht widersprechen, so sagte ich nur, ich besorgte, daß »viele Bücher einen um den Verstand brächten«. – »Du«, sagte ich, »rüste dich wider dich selber. Solange du des Bösen, das dir widerfahren, gedenkst, ist das Böse lebendig. Laß es nur sterben, dann wird auch deine Seele in Frieden zu leben beginnen.«

Timofei hörte mich an bis zum Ende und drückte mir fest die Hand, redete von nun ab nicht mehr weitläufig, sondern sagte nur kurz: »Ich kann nicht. Laß ab, du machst das Herz mir schwer.«

Ich ließ ab. Ich wußte, er hatte Leid, und schwieg. Doch die Zeit ging hin, und es verstrichen noch sechs Jahre, und all die Zeit beobachtete ich ihn und sah, daß er immer noch litt und daß er, wenn man ihn völlig freiließe und er irgendwo den Oheim beträfe, die ganze Heilige Schrift vergessen und dem Rachesatan verfallen werde. In meinem Herzen aber war ich getrost, weil ich da den Finger Gottes wahrnahm; schon begann dieser sich ein wenig zu zeigen; so würden wir gewiß die ganze Hand zu sehen bekommen. Der Herr würde meinen Freund aus der Sünde des Zornes erretten.

Das aber verwirklichte sich auf höchst wunderbare Weise. Damals lebte Timofei schon das sechzehnte Jahr bei uns als ein Verbannter, und schon waren fünfzehn Jahre vergangen, seit er sich beweibt hatte. Er mochte wohl siebenunddreißig bis achtunddreißig Jahre zählen, hatte drei Kinder und ein schönes Leben. Besonders lieb hatte er Blumen – Rosen, und hatte deren viele bei sich, an den Fenstern wie auch am Bretterzaun. Der ganze Platz vor dem Hause war mit Rosen bepflanzt, und dank ihrem Dufte war das ganze Haus voll Wohlgeruches.

Und nun hatte Timofei die folgende Gewohnheit: regelmäßig, sobald die Sonne tief stand, trat er aus dem Hause, putzte selbst seine Rosenstöcke aus und las alsdann auf der Bank ein Buch. Außerdem, soviel ich weiß, betete er dort auch häufig.

Derart begab er sich auch einmal nach dem Platze und hatte das Evangelium mitgenommen. Er sah nach den Rosenstöcken, dann setzte er sich, schlug das Buch auf und begann zu lesen. Da liest er nun, wie Christus zu Gaste zum Pharisäer kam; da gaben sie ihm nicht einmal Wasser, die Füße zu waschen. Da fühlte Timofei ganz unerträglich die dem Herrn angetane Kränkung mit, und dieser tat ihm leid, so leid, daß er zu weinen anhub darüber, wie jener reiche Hausherr mit seinem heiligen Gaste umgegangen. Und siehe: in diesem nämlichen Augenblicke ereignete sich der Beginn des Wunders, worüber mir Timofei folgendes mitteilte: »Ich blickte«, spricht er, »um mich und denke: Was habe ich doch für ein Auskommen und einen Überfluß, aber mein Herr ging einher in solcher Armut und Niedrigkeit! Und meine Augen füllten sich ganz mit Tränen, und ich konnte trotz allen Blinzelns ihrer nicht Herr werden; alles um mich aber wurde rosenfarben, selbst meine Tränen. In diesem Zustand, gleichsam unbewußt oder in einer Ohnmacht, rief ich aus: Herr, kämest du zu mir, ich gäbe mich selbst dir hin!«

Ihm aber wehte da plötzlich irgendwoher durch das Rosenlicht im Windhauch die Antwort zu: »Ich werde kommen.«

Timofei kam zitternd zu mir gerannt und fragt: »Wie dünkt dich? Kann der Herr wirklich zu mir zu Gaste kommen?«

Ich antwortete: »Das, Bruder, geht mir über den Verstand. Ließe sich darüber nicht etwas in der Heiligen Schrift finden?«

Timofei aber spricht: »Es ist immer derselbe Christus, heute und in Ewigkeit. Ich wag nicht, es nicht zu glauben.«

»Dann«, sage ich, »glaub es.«

»Ich werde befehlen, daß man tags ein Gedeck auf dem Tische für ihn bereit halte.«

Ich zuckte die Achseln und antwortete: »Frag mich nicht weiter, sieh du nur selber zu, was ihm am wohlgefälligsten wäre. Übrigens meine ich nicht, daß ein Gedeck auf deinem Tische ihn kränkte; immerhin, wäre das nicht Hochmut?«

»Es steht geschrieben«, sagte er: »Dieser nimmt die Sünder an und isset mit den Zöllnern.«

»Es steht aber auch geschrieben«, antwortete ich: »›Herr, ich bin nicht wert, daß du unter mein Dach gehest.‹ – Auch das scheint mir am Platze.«

Timofei erwiderte: »Das verstehst du nicht.«

»Gut – wie du willst.«

Timofei ließ sein Weib seit dem folgenden Tage einen überzähligen Platz bei Tische bereithalten. Setzten sie sich zu Tische, zu fünfen – er, seine Frau und drei Kinder –, immer ist da noch ein sechster Platz bereit, der Ehrenplatz am Tischende, und davor ein großer Lehnsessel. Die Frau war neugierig: Was heiße das, wozu und für wen sei das bestimmt? Timofei jedoch weihte sie nicht in alles ein. Seinem Weibe und anderen sagte er nur, so müsse es seines innerlichen Gelübdes wegen gehalten werden, »für den vornehmsten Gast, der da käme«. Wer damit wirklich gemeint war, das wußte – außer ihm und mir – kein Mensch. Timofei erwartete den Erlöser am Tage, nachdem er das Wort im Rosengarten vernommen hatte, er erwartete ihn auch noch am dritten Tage, danach am nächstfolgenden Sonntag – doch hielt er mit seinem Warten an: An jedem Feiertag erwartet Timofei immer wieder Christus zu Gaste, und er erschöpfte sich vor lauter Unruhe, ließ aber nicht nach im Vertrauen, daß der Herr sein Versprechen halten – daß er kommen werde. Das gestand Timofei mir bei den folgenden Worten: »Tagtäglich«, spricht er, »bete ich: Ja, komm, Herr; und warte. Doch höre ich nicht die ersehnte Antwort: ja, ich komme bald.«

Ich im Geiste war ungewiß, was ich Timofei darauf antworten sollte, und oft dachte ich, mein Freund wäre hochmütig geworden und dafür verwirre ihn jetzt eine trügerische Versuchung. Gottes Vorsehung aber fügte es anders.

Das Christfest kam. Es war harte Winterszeit. Timofei kommt zu mir am Heiligen Abend und spricht: »Lieber Bruder, morgen erwarte ich den Herrn.« – Ich pflegte schon lange nicht mehr auf dergleichen Reden zu antworten und fragte damals nur: »Was gibt dir dazu die Gewißheit?«

»Diesmal«, antwortete er, »sobald ich nur das ›Komm,

Herr‹ gebetet hatte, geriet meine ganze Seele in Bewegung, und es klang in ihr auf wie mit Posaunenschall: ›Ja, ich komme bald.‹ Morgen ist sein heiliges Fest – sollte er nicht an diesem Tage mich besuchen wollen? Komm zu mir mit der ganzen Verwandtschaft, sonst bebt mir die Seele nur immer vor lauter Furcht.«

Ich spreche: »Timoscha, du weißt, daß ich über dieses alles kein Urteil habe, auch nicht erwarte, den Herrn zu schauen, weil ich ein sündiger Mann bin – doch du bist von unserer Sippe, wir werden zu dir kommen ... Du aber, wenn du bestimmt einen so großen Gast erwartest, ruf du da nicht *deine* Freunde zusammen, sondern suche nach einer *ihm* wohlgefälligen Gesellschaft.«

»Ich verstehe«, antwortete er, »ich werde sofort meine Knechte und meinen Sohn durch das ganze Dorf schicken und alle Verbannten einladen, die da in Not und Bedürftigkeit wären. Sollte Gott mir die wunderbare Gnade erweisen, daß er käme, soll er alles, wie er es geboten hat, vorfinden.«

Mir schien auch dieses sein Wort nicht recht. »Timofei«, sagte ich, »wer vermöchte alles, so wie es geboten, auszurichten? Das eine verstehst du nicht, das andere wirst du vergessen, das dritte wiederum vermagst du nicht zu erfüllen. Doch wenn dieses alles so stark in deiner Seele posaunt, so sei dem so, wie es dir offenbart wird. Wird der Herr kommen, so wird er alles, was noch gebräche, ergänzen, und solltest du jemand, den er haben will, vergessen, wird er den Erforderlichen selbst herbeiführen.«

Wir kamen am Weihnachtstage zu Timofei mit der ganzen Familie, ein wenig später, als man sonst zu einem Mittagsmahle auf Einladung kommt. Denn so hatte er eingeladen, damit man erst, wenn alle Erwarteten zur Stelle wären, mit dem Mahle beginne. Wir fanden seine geräumigen Stuben voller Leute unserer, der sibirischen Verbanntenart: Männer und Weiber und das heranwachsende Kindergeschlecht, Leute von jedem Beruf und aus verschiedenen Gegenden, so Russen, wie Polen und Bekenner des estnischen Glaubens. Timofei hatte alle die armen Siedler, die seit Ankunft in ihren Wirtschaften noch nicht auf die Beine gekommen waren, versammelt. Die Tische waren groß, mit Leinen gedeckt und bestellt mit allem Erforderlichen. Die Mägde liefen hin und her und stellten Kwas und Schüsseln mit Fleischpasteten darauf. Draußen aber begann es schon zu dämmern, auch war niemand mehr zu erwarten; alle Boten waren wiedergekehrt, von nirgendher mehr waren noch Gäste zu erwarten, weil draußen ein Schneegestöber begonnen hatte, ein Stürmen und Wehen, als wäre der Jüngste Tag hereingebrochen.

Ein Gast nur fehlt und fehlt – der werter ist denn alle.

Schon hätte man die Kerzen anzünden und sich zu Tisch setzen müssen, denn es war schon ganz dunkel geworden, und wir alle harren im Finstern beim schwachen Lichte der Lämpchen vor den Heiligenbildern. – Timofei ging bald umher, bald saß er, er befand sich augenscheinlich in gequälter Unruhe. Seine ganze Zuversicht war ins Wanken geraten. Liegt es doch schon zutage, daß der »große Gast« nicht kommen werde.

Es verging noch eine Minute, und Timofei seufzte auf, sah mich traurig an und spricht: »Nun, lieber Bruder. Ich sehe, entweder ist es Gottes Wille, mich zum Gespött zu machen, oder du hast recht: Ich hab's nicht verstanden, alle die Erforderlichen zu versammeln, denen Er begegnen möchte. Alles geschehe nach Gottes Willen; laßt uns beten und uns zu Tische setzen.«

Ich antwortete: »Also bete.«

Er trat vor das Heiligenbild und begann laut zu beten: »Vater unser, der du bist im Himmel« und danach »Christ wird geboren, lobsinget! Christ kommt vom Himmel, verkündet es, Christ ist auf Erden . . .«

Kaum aber hatte er dieses Wort ausgesprochen, als plötzlich irgend etwas so fürchterlich von außen an die Wand schlug, daß alles zu schwanken anhub; dann aber fuhr ein lautes Getöse durch den breiten Flur, und unversehens sprang die Stubentür von selbst sperrangelweit auf.

Alle Leute, so viele dort waren, warfen sich in unbeschreiblichem Schrecken in eine der Zimmerecken, viele stürzten zu Boden, und nur die Wagemutigsten blickten auf die Tür. In der Tür auf der Schwelle aber stand ein alt-uralter Mann, bekleidet mit nichts als schlechten Lumpen, zittert und hält sich, um nicht umzufallen, mit beiden Händen an den Wandbrettern fest; hinter ihm her jedoch, aus dem Flur, der unbeleuchtet war, fällt ein unsäglicher rosenfarbener Schein, und über die Schulter des Alten streckt sich in die Stube vor eine schneeweiße Hand; und sie hält eine länglich gestreckte tönerne Lampe mit einem Flämmchen, wie man sie auf Darstellungen des Nikodemusgespräches gemalt sieht. Der Wind mit dem Schneegestöber tobt da draußen, aber die Flamme bringt er nicht zum Flackern. Und diese Flamme scheint dem Alten ins Antlitz und auf die Hand, auf der Hand aber fällt einem in die Augen eine vernarbte alte Schramme, die von der Kälte ganz weiß geworden ist.

Kaum erblickte ihn Timofei, so schrie er auf: »Herr, ich sehe ihn und nehme ihn auf in Deinem Namen. Du selbst aber gehe nicht bei mir ein, ich bin ein böser und sündiger Mensch.« Und damit verneigte er sich, mit dem Antlitz bis zum Boden. Mit ihm zugleich aber fiel auch ich nieder aus Freude darüber, daß ihn die echte christliche Demut angerührt hatte, und rief nun aus, daß alle es hörten: »Seien wir des inne: Christus ist mitten unter uns!«

Alle aber antworteten: »Amen!« – das bedeutet: »Es ist gewißlich wahr.« – Nun brachte man Licht – Timofei und ich, wir richteten uns auf vom Boden, die weiße Hand war schon nicht mehr zu sehen – nur der Alte war geblieben.

Timofei stand auf, nahm ihn an beiden Händen und setzte ihn auf den vornehmsten Platz. Wer aber dieser Alte war – vielleicht erraten Sie es selber –, so war das Timofeis Feind, der Oheim, der ihn so völlig zugrunde gerichtet hatte. Mit knappen Worten berichtete jener, daß bei ihm alles in Trümmer gegangen sei: Familie und Reichtum seien verloren, er wandere schon lange, um den Neffen aufzufinden und ihn um Verzeihung zu bitten. Er habe danach gedürstet und sich doch vor Timofeis Zorn gefürchtet, in diesem Schneegestöber jedoch den Weg verloren und, dem Erfrieren nahe, nur sterben zu müssen gewähnt.

»Plötzlich jedoch«, erzählte er, »leuchtete mir irgendein Unbekannter und sagte ›Geh hin und wärme dich an meinem Platze und iß aus meiner Schale‹, griff mich an beiden Händen, und so war ich denn hier, weiß selber nicht woher.«

Timofei jedoch antwortete vor allen: »Ich, Oheim, kenne deinen Geleiter. Das ist der Herr, der da gesagt hat: ›Hungert dein Feind, so speise ihn mit Brot, dürstet ihn, so tränke ihn mit Wasser.‹ Setze dich bei mir auf den vornehmsten Platz und iß und trink ihm zur Ehre und bleibe in meinem Hause nach Herzenslust bis zu deinem Lebensende.« Seitdem nun blieb auch der Alte bei Timofei, und sterbend segnete er ihn. Timofei aber fand für immer Ruhe in seinem Herzen.

So war dieser Bauer gelehrt, in seinem Herzen eine Krippe für den auf Erden geborenen Christus herzurichten. Und ein jedes Herz vermag gleichfalls zu solcher Krippe zu werden, falls es das Gebot erfüllt: »Liebet eure Feinde, tut wohl denen, so euch beleidigen.« Christus wird in dieses Herz eingehen wie in eine geschmückte Kammer und wird dort Wohnung nehmen.

»Ja, komm, Herr! Ja, komm bald!«

Wolfgang Hildesheimer

ES IST ALLES ENTDECKT

Eines Nachts stieß ich im Telefonbuch auf den Bewohner eines mir schräg gegenüberliegenden Hauses. Ich kannte ihn nicht. Ich glaube, er hieß Huncke oder so ähnlich. Ich rief ihn an, es war schon spät in der Nacht. Ich sah hinter einem Fenster im zweiten Stock Licht aufleuchten, und sofort darauf meldete er sich. Er wollte mir zunächst seinen Namen nicht nennen. Warum ich ihn nun unbedingt hören wollte, das weiß ich heute nicht mehr. Ich nahm Ton und Worte einer dringlichen, aber wohlgesinnten Mahnung an, die ihm bedeuten sollte, daß ich das Beste des Mannes im Auge habe, den ich erreichen wolle; daß ich aber auch – und das werde er ja doch verstehen – gewiß sein müsse, den Mann erreicht zu haben, dessen Bestes ich wollte. Das schien ihm einzuleuchten, und, wahrhaftig, so vorgetragen, hätte es auch mir eingeleuchtet, wäre ich dieser andere gewesen. Er nannte mir seinen Namen. Damit war das Ziel erreicht. Plötzlich jedoch war mir dieses Ziel nicht mehr genug. Ich wollte mehr hören, wollte Unbekanntes prüfen.

Ich sagte: »Sie sind es also, Herr Huncke«, und er sagte nun, in einem Ton, als sei er plötzlich seiner Identität nicht mehr ganz so sicher: »Ja – warum?«, und als ich nach einer Antwort suchte, fragte er: »Was wollen Sie von mir?« Ich hörte, wie hinter – vielleicht berechtigter – Feindseligkeit ein empfindliches Gewissen zu flattern begann, aber eine Antwort fiel mir nicht ein, was wollte ich von ihm? Ich wollte etwas von ihm wissen, ich war wach, war interessiert. Ich fragte, und zwar, wie mir schien, freundlich: »Fühlen Sie sich schuldig, Herr Huncke?« Schließlich hätte jedermann mich das gleiche fragen können, und ich hätte gesagt: »Nein«, auch dem Fremdesten hätte ich geantwortet: »Nein, ich nicht.« Anders Huncke. Seine Stimme zitterte, als er nun sprach, seine Schuld war aufgerufen, war plötzlich ins Unermeßliche angewachsen, er zischte unter dem Atem: »Warte nur! Bald sind wir wieder da! Dann geht es euch an den Kragen!«

Ich weiß nicht, wen er mit »euch« meinte, jedenfalls war dies eine neue Erfahrung, so wenig abgenutzt, daß ich mich noch überlegen fühlte, ich war ganz Herr meiner Absicht, ich legte Gewicht auf meine Stimme, sie schwang durch die Nacht, als wolle sie Herrn Huncke ohne Telefon erreichen, ich sagte: »Herr Huncke, hören Sie mir jetzt bitte gut zu: es ist alles entdeckt. Alles, verstehen Sie? Ich möchte Ihnen daher raten: fliehen Sie, solange Ihnen noch Zeit bleibt!« Er hängte ab, ich hängte ab, und sofort darauf leuchtete drüben ein zweites Fenster auf, dann ein weiteres und noch eines, das Haus wurde hell wie ein Opernhaus zur Zeit der Pause, und kaum eine halbe Stunde nach dem Gespräch fuhr ein Taxi vor, das Opfer meines Anrufs trat aus dem Haus, zwei Koffer am Arm, bestieg das Taxi und fuhr davon. Ob Herr Huncke eine Frau hinterließ, weiß ich nicht, jedenfalls nahm er sie nicht mit, und weder sie noch ein anderer löschte das

Licht im Haus. Die ganze Nacht blieb es hell erleuchtet, und die nächste auch. Aber dann wurde es wieder dunkel und blieb dunkel, zumindest solange ich gegenüber wohnte.

Ich habe dieses Spiel dann noch einige Male wiederholt. Ich weiß natürlich nicht, ob mir immer dieser Erfolg beschieden war, ob die so Gewarnten stets ohne Zögern nach den Anweisungen handelten, die ihnen ein anonymer Verweser ihres Gewissens über die nächtlichen Drähte zuflüsterte, denn die meisten Fälle entzogen sich durch die Entfernung einer Übersicht, und nur in einem einzigen dieser unüberblickbaren Fälle war ich mir des Erfolges gewiß: ich fand im Telefonbuch einen Mann, der Gottfried Malkusch hieß, er war Druckereibesitzer. Ihn rief ich an. Das Telefon wurde sofort abgehoben, und der Angerufene gab mir sofort seinen Namen an. Offensichtlich hatte er, trotz der vorgerückten Stunde, auf einen Anruf gewartet. Ich sagte, diesmal atemlos und flüsternd und ohne Umschweife: »Herr Malkusch, es ist alles entdeckt.« Nach einer Sekunde sagte er heiser: »Nein.« – »Ja«, sagte ich, »alles, leider.« – »Also doch!« – »Alles«, wiederholte ich, diesmal mehr wie ein beteiligter und damit betroffener Mitwisser als wie ein Warner. – »Und jetzt?« fragte er. – »Malkusch«, flüsterte ich freundlich, denn nun tat er mir beinah ein wenig leid, »Malkusch, fliehen Sie, bevor es zu spät ist!« – Wieder eine Pause der Ratlosigkeit, dann: »Habe ich Zeit, ein paar Sachen einzupacken?« – »Ich fürchte nicht«, flüsterte ich, denn plötzlich tat er mir nicht mehr leid, »nein, Malkusch, ich würde es an Ihrer Stelle nicht tun.« – Und dann sagte er: »Danke, Obwasser«, – ja, »Obwasser« nannte er mich und hängte ab, und ich bin beinah gewiß, daß er nichts eingepackt hat.

Zwei weitere Nachtgespräche legte ich in meinen Umkreis. Ich wollte wieder prüfen. Die Namen habe ich vergessen.

Einer, der mir direkt gegenüber wohnte, flüsterte nur, obgleich im Hintergrund ein Radio oder ein Plattenspieler die Eroica spielte, er machte auch kein Licht, das Haus blieb dunkel, bis auf den Schein der Taschenlampe, die hinter der Fensterfassade durch die Stockwerke huschte, vom Dachboden bis zum Keller.

Eine Stunde etwa nach dem Anruf trat er in Mantel und Hut und mit einem Violinkasten in der Hand aus dem Haus, ging in den Garten, nahm, soweit ich sehen konnte, einen länglichen Gegenstand aus der Tasche, vergrub ihn mit den Händen in der Erde, dann trat er, die Hände mit dem Taschentuch abreibend, aus dem Gartentor, zog einen Brief hervor und steckte ihn in seinen eigenen Briefkasten, stand dann eine Weile zögernd auf der Straße, sah abwechselnd in beide Richtungen, als fiele die Wahl des Weges ihm schwer, und ging in der schließlich gewählten Richtung davon, sein Schritt gewann allmählich an Sicherheit, schon nahm ein neues Ziel Gestalt an.

Der andere war ein Nachbar. Ich konnte nicht sehen, was geschah, aber ich spürte wachsenden Aufruhr im Haus nebenan, keine Stimmen oder Worte, kein Türeschlagen, aber eine Erregung hinter den Mauern, Andeutungen dumpfer Warnungen, gezischter Anweisungen, letzter Anklagen vor der Trennung, schluchzend zur Kenntnis genommen, dann leises Anlegen der Haustür, laut eine quietschende Garagentür, die alle Vorsicht zunichte machte, ein hartnäckiger böser Anlasser – der Mann floh im eigenen Wagen – und, einige Minuten nach der Abfahrt, ein schriller gellender Ruf im Haus, »Artur! Artur!« – Wer mit dem Ruf gemeint war, weiß ich nicht, vielleicht vollzog sich hier ein parallel laufendes Geschehen, das mit dem von mir entfachten nichts zu tun hatte, denn der von mir gewarnte Flüchtende hieß nicht Artur. Er hieß, wie ich mich jetzt, plötzlich, erinnere, Erhard.

Erhard Selbach hieß er. Seine Nummer war sechs-null-sieben-vier-vier. Sinnlose Erinnerung!

Nun kräht er, der Hahn. Zweimal, dreimal. Jetzt beginnt er, der Freund, den ich allnächtlich erwarte, der meine Nächte belebt, mein Gefährte, mein ferner guter Gesell.

Johann Christoph Hampe

DAS ZEICHEN DES LEBENS

Er suchte lange am Boden. Er wollte wie immer jetzt vor Tag schon etwas zum Spielen für seine spitzen Spinnenfinger. Aber er fand kein Gräslein hier, keine der runden, stachlichten Fruchtkapseln, welche er zu dieser Zeit so liebte, auch nicht trockenes Laub, gar nichts fand er, das er zum Himmel hinaufwerfen und wieder fangen konnte nach seiner Art, er fand hier nichts als harte Lehmerde. Gefroren war sie nicht mehr, dazu ging das Jahr schon zu weit in den Frühling, aber hart war sie dennoch. Hier hatte man eine Walze gezogen oder mußten Hufe getreten haben, wenn es aber Menschenfüße waren, was immerhin sein konnte zwischen den langen Holzhütten, welche den großen Hof bildeten, so mußten es sehr viele und sehr schwere gewesen sein, sehr viele, die immer den gleichen Weg im Kreise gingen. Nur eine feine Staubschicht fand der Morgenwind auf dem Platz. Da wurde er zornig und trollte sich davon, indem er die kleinen Staubkristalle giftig vor sich herblies und gerade in den Stacheldraht hinein, durch den er dann selber hindurchschlüpfte, und gerade dem Sebald Gigl in die Augen, der dort hart am Zaun auf und ab ging, seit zwei Stunden schon auf und ab ging, zwei Stunden weniger zehn Minuten. Als aber der rauhe Geselle davon war und gar nicht wiederkam, klappte der Sebald Gigl den Mantelkragen herunter und zog mit einem erleichterten Blick auf den grüngelben Streifen, welchen der Himmel schon über den Barackendächern bildete, die Luft in die Lungen hinein. Dann ging er, immer den Karabiner am Riemen, ein paar Schritte und wandte sich gegen den Draht: draußen lag die andere Welt. Dort war die Erde weich, ihre gebrochene Scholle schimmerte silbern, und zwischen den Krumen konnte Sebald die ersten Spitzen der Saat erkennen.

Dieser Anblick stimmte ihn froh und ließ ihn daran denken, daß heute auch der Tag für eine andere Freude gekommen war. Er zog den Fausthandschuh von der Linken und schob sie vorsichtig in die Manteltasche. Dort umfing sie einen runden Gegenstand. Sorgsam war er in ein Sacktuch geknotet. Sebald löste die Zipfel und liebkoste sein Kleinod mit den Fingerspitzen. Heute würde er sich von ihm trennen, heute morgen, sogleich nach dem Wecken.

Während es allmählich heller wurde, dachte er noch einmal daran zurück, wie es in diesem Winter gekommen war, daß er nun immer so ganz andere Dinge denken mußte als alle Jahre seines Lebens früher. Vor nun gut fünf Monaten war er hierher befohlen worden zur Bewachung der Gefangenen, weil er seit seinem Sturz das Bein nachzog. Einige hundert Franzosen hatten sie hier. Die schliefen in den langen Holzhütten, und wenn sie nicht Schwellen legen oder den Damm aufschütten mußten, liefen sie unablässig hin und her, den Drahtzaun hinauf und hinunter, so daß die Lehmerde ganz hart getreten war. Und sie standen lange Stunden aufgereiht in der Mitte des Platzes, wenn man sie zählte und wieder zählte, und zum Empfang der Suppe, durch die man auf den Grund des Blechnapfes sehen konnte. Dann schlug ihnen der Wind, der rauhe Geselle, von hier oben mit seinen knochigen Händen immer gegen die dünnen Hosenbeine und machte, daß unaufhörlich ein Zittern durch die Reihen lief. Aber mit dem allen hatten Sebald und seine Kameraden wenig zu tun. Der Dienst im Lager war ihnen nicht auferlegt, sie hatten nur die Drahtzäune und das Tor zu hüten, daß sich außer Mäusen und Ratten nichts Lebendiges durch sie hindurchstahl. Und sie hatten nur dabeizustehen, wenn die Kolonne draußen arbeitete. Aber auch dabei durften sie nach den Vorschriften nicht zu dicht herantreten: es galt, immer den Überblick und das Schußfeld zu behalten. Darum – und das war auch Gigls Meinung lange Zeit gewesen – ging seine Gruppe nichts an, was drinnen auf dem Hof geschah. Das hatten die anderen zu verantworten, und das Beste war, man mischte sich in keiner Weise dort hinein; denn: »Was ich nicht weiß, macht mich nicht heiß!«

Im Anfang, als Gigl diesen Männern zugeteilt wurde, schien ihm alles sehr gut zu sein. Es war dies ein Leben wie draußen auch: zwei Stunden umschichtig auf Posten und schlafen, auf Posten und schlafen. Zwei Gruppen des Zuges brauchte man dazu, und die dritte hatte währenddessen dienstfrei, alle drei Tage also und vierundzwanzig Stunden. Das ließ sich hören. Doch bald war dieser dritte Tag am schwersten zu ertragen. Denn in das Städtchen konnten sie nicht hinunter, es lag mehrere Stunden entfernt. Was sollten sie also, wenn sie das Hemd ausgewaschen und den Karabiner gereinigt hatten, an diesem freien Tag treiben, Sebald Gigl und seine Kameraden? Ein alter Soldat geht ja nicht nur in den Wald, sich die Bäume beschauen, und schon gar nicht mochten die Männer, nachdem sie einmal die russischen

Urwälder gesehen hatten, das dürre Fichtengestrüpp betreten, das hierzulande wuchs – »hierzulande« sollte man sagen. So legten sie denn wieder die Kümmelblättchen auf. Im Herbst noch hockten sie vor ihrer Unterkunft am Rande des Lagers in der Sonne, später dann drinnen um den kleinen Ofen herum, den sie mit Holz fütterten, bis er glühte.

Einmal spät am Abend saßen sie auch so, ihrer drei, und ließen die Karten auf den Schemel niederfallen. »Contra«, sagte Gigl gerade nach einem kurzen Blick auf sein Blatt, als die Tür mit großer Wucht aufgestoßen wurde. Die anderen saßen mit dem Rücken zu ihr hin und dachten an den Wind, der, ein rauher Geselle hier oben, ihnen gar oftmals solchen Schabernack spielte, weswegen sie sich auf Kriegerart nur langsam nach der Störung umwandten; aber Sebald Gigl hatte gesehen, was es war. Es war ein Gesicht gewesen. Oder vielmehr zwei Gesichter. Erst eines, dem vor Freude fast die Tränen liefen, und dann ein zu Tode erschrockenes, dem der Freudenruf im schon geöffneten Munde erfror. Das Gesicht hatte nur ihn angesehen, ihn, Sebald Gigl, denn die anderen waren ja mit ihren Karten beschäftigt, und einer wandte dabei das Brot auf dem Ofen um. Vieles war der Gigl gewohnt, aber so nah war es ihm noch nie gekommen in diesem Kriege. Da war meist noch der Abstand eines Handgranatenwurfes oder ein Schleier von Staub oder Schneeflocken dazwischen gewesen oder wenigstens die Länge eines Karabiners mit einem Bajonett darauf. Und hier im Lager waren die Gesichter noch weiter fort gewesen, denn er und seine Kameraden hatten ja nur den Außendienst. Jetzt aber konnte Sebald nicht mehr ausweichen: einer von drüben war vor seine Augen gekommen. Sebald hatte gesehen, daß sein bloßer Anblick jenem das Blut stocken machte, wie der Anblick des Jägers dem Wild, das in seinem Schlupfwinkel aufwacht, und ihn plötzlich über sich sieht.

Es dauerte alles nur einen Nu. Noch ehe sich die Kameraden umgewendet und noch ehe Sebald begriffen hatte, worum es sich handelte, um einen ihrer Gefangenen nämlich, der sich vor irgend etwas auf der Flucht befand, zu seinen Kameraden wollte, aber im Dunkeln wohl die Baracke verwechselt hatte – noch ehe er dies begriff, war die Tür wieder geschlossen worden, als hätte wirklich nur der Wind hereingeschaut, wie die anderen meinten. Ein paar Sekunden noch zitterte sie im Schloß, und es war Sebald, als sagte sie zu ihm: »Wir beide wissen etwas, was keiner sonst weiß!« Ein Blick hatte Sebald getroffen und hatte sich sogleich wieder schreckerfüllt fortgewendet, aber er würde ihn aus Tausenden herausfinden. Er stand auf und drückte die Klinke nach oben. »Contra, habe ich gesagt!« Noch ganz benommen war er, der alte Krieger. »Schieb den Riegel vor, daß sie nicht wieder aufspringt!« sagte der Brotwender und setzte sich in Positur, denn er war am Spiel. Aber als Sebald dies gerade tun wollte, wurde er jäh beiseite geschoben, denn die Tür öffnete sich noch einmal, und der Lagerkoch stand vor ihm.

»Bei euch ist der Kerl hineingelaufen!« keuchte er. »Hat mir gerade einen Laib Brot gestohlen, und das ist die vierte Nacht, daß es vorkommt. Kaum, daß ich ihn davonlaufen sehe, fällt aus eurer Tür ein Lichtstrahl.«

»Hier war nur der Wind«, sagten die beiden auf ihren Schemeln, und man solle sie in Ruhe lassen!

»Hier war nur der Wind«, wiederholten Sebalds Lippen, und diese Lüge tat ihnen wohl wie noch keine Wahrheit. »Weißt du, der Franzose müßte ja total verrückt sein, der sich mit seinem Raub auf das Wachlokal flüchtet, wie du denkst. Aber wenn du nachsehen willst? Dort unter der Pritsche etwa könnte er ja liegen.«

»Wenn ich ihn nicht gesehen hätte«, wandte der Koch noch ein. »Auf jeden Fall muß man das ganze Lager sofort durchsuchen. Alles auf dem Hof antreten und ein Kommando durch die Baracken geschickt. Wo soll's denn hinführen, wenn sie jetzt auf das Einbrechen verfallen. Ein einziges Exempel muß man geben, schnell und hart, dann hört das auf.«

»Besseres Essen muß man geben, dann hört das auf!« brummte Sebald und zog den Koch in die Stube hinein. »Komm, Teigaffe, wir brauchen noch einen vierten Mann zum Aufschreiben. Contra, habe ich gerade gesagt.«

Ja, so hatte das damals angefangen. Und nun fühlt Sebald Gigl gegen Ende der Morgenwache nach dem runden Gegenstand, der weich eingehüllt in seiner tiefen Manteltasche ruht. Der rauhe Wind hat sich gelegt, und die Sonne schiebt das Gewölk beiseite. Ihre ersten, noch rötlichen Strahlen fallen auf die Ackererde und alle die feinen Spitzen der Saat, und sogar der Stacheldraht funkelt überall auf wie ein Geschmeide.

Der pfiffige Koch hat den Mann damals nicht herausgefunden, was er auch anstellte, aber Sebald Gigl hat ihn entdeckt. Am anderen Morgen war er schon nach dem Wecken auf dem Hof. Es war an jenem Tage kalt, und die Gefangenen liefen unablässig hin und her und schlugen sich auf die Schenkel. Andere von ihnen wärmten die Hände an den heißen Kaffeegeschirren. Als Sebald dann die Kolonne zur Arbeit begleitete, stellte er sich, als wollte er die Ordnung prüfen, und ließ den ganzen Zug einmal an sich vorbeiziehen. Nun hatte er es mit den Gesichtern und den Augen zu tun bekommen. Früher waren immer nur gelbe Scheiben vor ihm dahingeglitten. Denn er wie seine Kameraden hatten ja nur den Außendienst. Was gingen den Außendienst die Gefangenen an! Aber eine solche Teilung der Welt in Draußen und Drinnen wollte sich jetzt nicht mehr durchführen lassen.

Sebald fand den nächtlichen Besucher sofort heraus. Er schritt im mittleren Gliede und wandte schnell den Kopf zur Seite, als er Sebald sah. Aber während der Stunden, die ihnen zur Fortsetzung der Arbeit am Bahngleise dienten, vermochte es dieser einzurichten, daß er unvermerkt einmal dicht vor den Gefangenen hintrat, und, mit einer entschiedenen Bewegung die flache Hand vor der Brust entlangführend, ihm erkenntlich machte, er habe das Gesehene vergessen.

In der Folge brachte Sebald in Erfahrung, daß der Franzose Maurice genannt wurde. Er beobachtete ihn nun oftmals ein wenig aus der Ferne, oder wenn es sich schickte, schritt er geschwind einmal dicht an ihm vorbei. Er sah nun, daß die Gefangenen von sehr verschiedener Art waren. Nicht alle ließen sich von der Entbehrung übermannen, nicht alle drängten sich immer an den Platz, wo es die leichteste Arbeit gab. Dieser Maurice war ein solcher. Manchmal trat er unversehens neben einen anderen, der beim Graben auf Steine gestoßen war, und seit es Streit darum gegeben hatte, schleppte er meist den schweren Vorschlaghammer auf dem Heimweg. Wenn Sebald dann das Lagertor offenhielt und sie alle an ihm vorüberzogen, achtete er nun immer auf diesen Maurice. Im engen Durchgang kamen sie sich jedesmal auf Armlänge nahe. Das graue Gesicht dieses einen galt ihm für alle anderen. Vorher hatte er keines gesehen, nun sah er sie alle in diesem. Denn so sind die Augen des Menschen beschaffen: sie können nur immer eins recht erfassen, und nicht anders ist es mit seiner Liebe. Es tat dem Sebald Gigl wohl, dieses Gesicht zu sehen, traurig war es und löste ihm dennoch das Herz, wenn er auch nicht zu sagen wußte warum. Er hätte es nun malen können, weil er es immer wieder sah und weil es einen einprägsamen fremdartigen Zug hatte: die Nase trat, fast ohne einen Winkel zu bilden, aus der Stirn. Sebald wurde an ein altes Bild erinnert, das die Eltern besessen hatten. Auch die dunklen, kräftigen Haare, welche sich dem Franzosen wie ein Kranz um die Stirn drängten, bestärkten ihn in dieser Erinnerung. Vielleicht war es töricht, dem allen so viel Bedeutung zuzumessen; was wußte Sebald denn davon, ob dies nicht ein Menschengesicht wie alle anderen auch war? In dem einen aber wurde er ganz sicher: es war von diesem Manne nicht zu denken, daß er das Brot damals zu eigener Nutznießung gestohlen hatte. Vielleicht mußte er es für die Kranken tun, vielleicht für die Arrestanten, vielleicht für einen, der die Flucht plante.

Wenn Sebald nun an den Reihen der Männer entlangging, die sich über die Schwellen und Schienen beugten, auf denen sie niemals fahren würden, und wenn sich hier und dort ein Rücken aufrichtete und ihn ein Blick traf, so mußte er jetzt immer an den Blick des Gefangenen Maurice in jener Nacht denken. Ein Soldbuch trug Sebald in der Tasche; darin war alles vermerkt, was er war und was er konnte. Dort gab es auch eine Seite, auf der sie alle Tage eingetragen hatten, an denen er das Weiße im Auge des Gegners gesehen hatte, wie man sagte, und diese Seite war ganz voll. Alle Lagen hatte Sebald bestanden, aber nun wußte er sich plötzlich nicht zu helfen. Er lächelte wohl hilflos, wenn sie ihn ansahen, dann aber mußte er jedesmal sehen, daß ihm die anderen Augen mit einem Aufglimmen von Verachtung im schnell wieder fortgehobenen Blick antworteten; denn welcher Gefangene mußte nicht meinen, dieser Posten weide sich an ihrer Qual?

Nun trieb es ihn oft vom Kartenspiel hinaus, obwohl er doch nicht das Mindeste ändern konnte an dem, was sich hier vollzog, wenn er sich selbst, an den Türpfosten seiner Baracke gelehnt, dem Winde aussetzte, der die Leiber von Mensch und Tier klopfte und kniff und den auf dem Platz zu dritt gereihten Männern in die fadenscheinigen Hosenbeine und Rockärmel fuhr, als wäre er hier zu Haus.

Was ihn die Essenausgabe denn anginge, meinten die Unteroffiziere. Er sagte gar nichts darauf, aber er kam immer wieder und stand neben dem Kessel, wenn sie ausschöpften. Man warf ihm vor, daß er in seiner freien Zeit im Lager herumschnüffele. Ja, er tat es, und er wußte auch, daß es verboten war und daß wieder an die Front müßte, wen man meldete wegen einer solchen Sache. Dann wäre es auch gleichgültig, ob einer hinke oder ein krankes Organ habe. Es war, als hörte er diese Drohungen nicht. Er wagte sich sogar sonntags nach Tisch in die Baracken hinein, was der Wachmannschaft besonders streng verboten war. Dort sah er sich dann die Bilder an, welche die Gefangenen über ihre Pritschen geheftet hatten; ihre Wohnstätten waren darauf zu sehen oder die Eltern und Geschwister oder das Mädchen, welches sie heimgeführt hätten, wenn nicht aus einem Ratschluß, der ihnen in alle Ewigkeit unverständlich bleiben würde, der Krieg gekommen wäre. Wenn er dann den mageren fremdländischen Männern zuschaute, wie sie vor diesen Bildern saßen und jedes Wort der Karte bedachten, welche sie einmal im Monat verschicken durften, sofern sie nichts davon enthielt, was die zu Hause vor allem wissen wollten, ob man sie nämlich in der Gefangenschaft recht nährte, kleidete und wärmte, dann hätte er gern etwas Gutes gesagt. Es hat ja ein rechtes Wort Gewalt, die Wolken fortzudrängen. Aber leider, er wußte ihre Sprache nicht zu sprechen, und auch sie, diese schwarzen Gesellen redeten nicht für seine Ohren. »Allons« und »tout des suite« verstand Sebald wie die anderen zu sagen und auch »la guerre« und »manger« hatte er gelernt. Aber damit war es schon zu Ende, und meinte er achselzuckend: »Nicht gut, la guerre!« so hatten sie ihn vielleicht schon mißverstanden.

Ja, ihm war es versagt, sich mit diesen verlassenen und hungrigen Menschen wie mit seinen Kameraden zu verständigen. Immer häufiger aber fragte er sich, ob er ihnen nicht auf eine andere, ebenso eindeutige Weise zu wissen geben könnte, was er dächte. Freilich nur er, Sebald Gigl, hatte diese Gedanken. Aber es müßte ihnen doch tröstlich sein, daß hier wenigstens ein deutscher Mann ihnen gut gesonnen war, sie bewachen, aber sie achten müsse, trotz allem; daß er ihnen, die sich dem Tode nahe wußten, das Leben und die Heimkehr wünschte. Den ganzen Winter hindurch sann er darüber nach, und während der vielen Postenstunden im rauhen Nachtwind wärmte er sich an der Hoffnung, daß er eines Tages wissen würde, wie es zu geschehen hätte. Er versuchte es unterdes auf mancherlei Weise, aber keines der sich anbietenden Zeichen war eindeutig genug, ob er nun, wenn es ihm möglich war, die Arbeit gerecht verteilte, indem er die Schwachen zum Setzen der Grassoden an die Böschung hinunterschickte und die Stärkeren für den Schotter oder die Hantierung der Loren bestimmte, ob er den Wachhabenden darüber belehrte, daß auch im Windschutz gearbeitet werden kann, ob er sich dies oder anderes, meist zum Verdruß der Kameraden, ausdachte. Diese versuchte er oftmals in die gleiche Richtung der Gedanken hineinzuziehen, aber er sah sich dadurch nur dem Gespött, ja endlosen Händeln ausgeliefert. Er schöpfte Wasser aus einem See mit diesen kleinen Bemühungen. Aber wie zwecklos immer, er mußte es tun seit der Nacht, in der ihn Maurice vom Kartenspiel gerufen hatte; und es ging ihm alles von der Hand in dem Gedanken, was ihm selber wohl, ihm, Sebald Gigl, wenn er weit entfernt von der Heimat jetzt schmachten würde, die ein anderes Volk besetzt hielt und mit seinem Haß bedrückte, das Herz froh machen könnte.

Und weil er diesen Gedanken immer wieder herbeirief, fand er schließlich auch, was er brauchte: das einfältige, zwar merkwürdige, aber, wie er dachte, große und klare Zeichen, das den anderen, vor denen seine Zunge stumm sein mußte, alles sagen würde. Je zerbrechlicher dieses Zeichen war, um so mehr beglückte es ihn. Ein Zeichen ist ja gar nichts an sich selber. Aber, wer es zu lesen weiß, für den ist es so viel wie die Sache auch. Und dieses Zeichen verstand der alte Sebald Gigl, und die anderen mußten es auch verstehen, es war das Leben und die Freude selbst. Zerbrechlich ist das Leben der Menschen auch, und das der Männer hinter dem Draht war es in besonderer Weise, denn gar oftmals trugen sie einen aus den Holzhütten, der die Augen für immer geschlossen hielt. Aber das Zerbrechliche wurde von einer Hand umspannt immerdar, die alle Lider zu heben vermöchte. Das sagte dieses Zeichen.

Noch immer hielt Sebald Gigl die Linke in der Tasche. Jetzt würde die Ablösung kommen. Er wandte sich um und sah, daß die Sonne schon voll auf die flachen Dächer blickte. Die waren aus Teerpappe und sonst von einer trostlosen Schwärze, nun aber unter dem wolkenlosen Himmel glänzten sie, als fiele das Licht auf lauter Karpfenteiche. Je näher es auf Ostern zugegangen war, um so fester hatte Sebald seinen Plan ins Auge gefaßt. Dies nahm er sich vor: am Ostertage würde er an die Stelle von allen Gutgewillten seines Volkes treten und sich Maurice, als dem, der ihm für alle schuldlos Gefangenen auf der Welt stand, mit diesem Zeichen zu erkennen geben. Vielleicht war dieser Maurice so etwas wie ein Führer der Seinen, vielleicht auch nicht, es würde genügen, und sie würden es alle verstehen.

Dieses Zeichen hatte langer Mühe bedurft. Sebald mußte sich rote Tinte beschaffen und eine schöne blaue, er mußte an die Schwester schreiben, sie möchte doch vom Lehrer zwei bestimmte Wörter der französischen Sprache erfragen und ihm recht deutlich aufschreiben. Und dann mußte er sich draußen von einem Bauern eines der gebrechlichen Gebilde erbitten, von denen er wußte, daß man sie überall auf der Welt als Sinnbilder des Lebens verstünde. Nach diesem allen begann erst seine Arbeit. Während die andern schliefen, setzte er sich zu ihr nieder: er teilte das Ei ringsum in drei Streifen ein, den oberen färbte er blau, den unteren rot, und in der Mitte, welche auf diese Weise weiß blieb, wie die Frucht den Hühnerleib verlassen hatte, malte er ungeschickt genug Buchstaben für Buchstaben die beiden Wörter, welche ihm die Schwester mitgeteilt hatte. Es blieb gerade noch der Raum für zwei starkbrüstige Ausrufungszeichen.

Und nun, da er schon die Ablösung drüben aus der Tür treten sieht, nimmt Sebald Gigl sein Werk aus dem Zipfel der Manteltasche heraus, hält es, gegen die Saat draußen gewendet, in der Frühsonne und freut sich noch einmal der wohlgelungenen Arbeit. »Paques Joyeux!!« buchstabierte er beim Drehen. Vielleicht kann der Schulmeister daheim gar nicht richtig Französisch, aber Maurice versteht es schon. Wenn er es nicht versteht, dann muß er mich für sehr dumm halten, denkt Sebald. Denn ist es nicht eine Dummheit, Männern, denen es so schlecht wie diesen geht, nun gerade *fröhliche* Ostern zu wünschen? Aber er wird es verstehen, wie Sebald es versteht. Bei der langwierigen Arbeit des Malens und Schreibens auf die rauhe Kalkfläche ist er sich ganz sicher geworden, daß es nur eine Freude gibt in all dem Jammer von Krieg und Schießen und Postenstehen und dem größeren, wenn ein Volk geschlagen ist und die Männer in die Fremde verkauft werden, nur eine Freude gibt es darin: das Leben, welches der Ostermorgen gebracht hat.

So steht er denn, nachdem man ihn abgelöst hat, vor der dritten Baracke. Die liegt seit Monaten wieder heute im vollen Sonnenlicht und ist endlich einmal von den Tücken des bösen Windes befreit, der den ganzen Winter hier oben nicht weichen wollte. Dann treten die Männer heraus, um den

Kaffee zu holen. Und Maurice ist dabei. Vielleicht ist er auch nur einer wie alle; jedenfalls gibt er sich so. Und dem Sebald Gigl sieht es auch keiner an, daß er eine Krone trägt. Er sieht sich sogar recht schüchtern um: nein, da ist niemand, der ihn beobachten könnte.

»Pakkes jeujeuchs!« sagt er und hält dem anderen das Ei hin, indem er die Hand darum legt, als wollte er es wärmen, die Linke aber führt er flach ausgestreckt vor der Brust entlang. »Pakkes jeujeuchs!« sagt er noch einmal dazu, dann dreht er sich langsam um, weil er nicht weiß, was jetzt zu tun ist. Und wenn ihn in diesem Augenblick einer von den Seinen zur Rede gestellt hätte, einer von denen, die erst beim Mittagessen merken, daß heute Festtag ist, wenn ein solcher ihm gesagt hätte: wie kannst du nur, wenn dir dein Vaterland lieb ist, so an einem Franzosen handeln, du bist ein Verräter! so hätte er wahrscheinlich nichts antworten können, denn Worte gingen ihm niemals schnell von der Zunge. Aber spätestens in der nächsten Postennacht wäre ihm doch das Rechte eingefallen, nämlich, daß er gerade darum so handeln müßte, und nicht anders auch das eigene Vaterland ehren könne als eben auf diese Weise. So stand es mit Sebald Gigl.

Daß aber der Franzose Maurice die Sache recht verstanden hat und die Seinen alle im Lager über die Tat des Sebald Gigl viele andere Taten der Deutschen an ihnen vergessen haben, das hat er selbst erzählt. Viele Jahre später sprach er noch davon, denn er mußte lange daran denken. Vielleicht tut er es heute noch.

Den Sebastian Gigl freilich haben sie doch wieder an die Front geholt, und man weiß nicht, was aus ihm geworden ist.

Autor unbekannt

DAS ALTARBILD

Pater Hugo, Geistlicher an der reichen Kirche zum Heiligen Hieronymus in Düsseldorf, trat in die Werkstatt des jungen Malers Domenico Feti. Ein Altarbild von der Kreuzigung Jesu sollte er malen. Sie wurden über Entwurf und Preis eins, und der Maler machte sich an die Arbeit. Mittlerweile sprangen die jungen Knospen, und die ersten Blumen entfalteten sich. Da packte den Künstler die Sehnsucht, die Stadt zu verlassen und mit seinem Skizzenbuch das umliegende Land zu durchstreifen. Am Waldrand begegnete er eines Tages einem Zigeunermädchen, das gerade Strohkörbe flocht. Ihre Schönheit fesselte sein Künstlerauge. Schwarz wie Ebenholz fielen ihre Haare in Wellen über die Schultern herab. »Was gäbe das für ein herrliches Bild!« ging's dem Maler durch den Sinn.

Jetzt erst bemerkte ihn das Mädchen und erriet seine Absicht. Sofort sprang es auf. Dann hob es die Hände über den Kopf, schnippte mit den Fingern den Takt und tanzte leicht und anmutig vor ihm hin und her. Dabei zeigte es seine weißen Zähne, und seine Augen strahlten vor Lust.

»Halt still!« rief Domenico Feti, und in aller Eile skizzierte er sie. Er wollte sie als spanische Tänzerin malen. Sie schlossen einen Vertrag. Pepita sollte dreimal in der Woche zu ihm kommen. Pünktlich zur festgesetzten Zeit erschien sie. Ihre großen Augen wanderten im Atelier hin und her und ruhten dann auf den altertümlichen Rüstungen, Krügen und Schnitzereien. Jetzt fing sie an, die Gemälde zu betrachten, und bald fesselte das große Altarbild, das seiner Vollendung nahe war, ihre Aufmerksamkeit. Tagelang betrachtete sie es staunend. Schließlich fragte sie mit scheuer Stimme: »Wer ist das?« und zeigte auf die Figur, die am meisten hervortrat. »Christus«, antwortete Feti gleichgültig.

»Was geschieht mit ihm?«

»Er wird gekreuzigt«, sagte der Künstler; »drehe dich ein wenig nach rechts – so, so geht's.« Mit dem Pinsel in der Hand war er ein Mann von wenig Worten.

»Wer sind die anderen Leute, die mit den bösen Gesichtern?«

»Höre mal«, sagte der Künstler, »ich kann nicht immerfort mit dir reden, du hast hier nichts weiter zu tun, als still zu stehen.«

Das Mädchen schwieg eingeschüchtert. Aber sie betrachtete das Bild und grübelte darüber nach, was es bedeuten sollte. Jedesmal, wenn sie das Atelier betrat, fesselte sie das Gemälde von neuem. Ab und zu wagte sie eine Frage, denn die Sehnsucht, mehr zu erfahren, verzehrte sie fast.

»Warum kreuzigen sie ihn denn? War er schlecht, sehr schlecht?«

»Im Gegenteil – der beste Mensch von der Welt.«

Das war alles, was sie bei einer anderen Unterredung erfahren konnte, doch hütete sie jedes einzelne Wort wie einen Schatz – durch jeden Satz erfuhr sie etwas mehr von dem Geheimnis.

»Wenn er gut war, warum kreuzigen sie ihn denn?«

»Es war, weil« – der Künstler hielt inne, legte den Kopf auf die Seite, tat einen Schritt vorwärts und ordnete etwas an ihrer Schürze.

»Weil?« wiederholte sie atemlos.

Er trat zurück an die Staffelei, dann sah er sie an, und ihr fragendes Gesicht erregte sein Mitleid.

»Hör zu, ich will es dir erzählen, aber dann laß mich mit

deinen Fragen in Ruhe.« Und er berichtete ihr die Geschichte des Kreuzes. Neu für Pepita, obwohl sie für den Künstler so alt war, daß sie ihn gar nicht mehr bewegte. Er konnte die Todesangst des Heilands malen, und nicht ein Nerv zuckte an ihm, während schon der bloße Gedanke daran ihr fast das Herz brach. Ihre großen schwarzen Augen standen voller Tränen, die der glühende Zigeunerstolz doch verbergen wollte.

Das Altarbild und die spanische Tänzerin wurden zu gleicher Zeit fertig. Pepitas letzter Besuch im Atelier war gekommen. Gleichgültig sah sie auf das schöne Bild, das der Künstler von ihr gemalt hatte. Aber dann drehte sie sich um, stand vor dem Altarbild und konnte sich nicht davon trennen. »Komm«, sagte der Künstler, »hier ist dein Geld und noch ein Goldstück darüber, denn du hast mir Glück gebracht, die spanische Tänzerin ist schon verkauft.«

Das Mädchen wandte sich langsam um. Ihre Augen, die voll tiefer Bewegung waren, schauten feierlich: »Nicht wahr, Herr, Ihr liebt ihn sehr, weil er das alles für Euch getan hat?«

Das Gesicht, in das sie sah, wurde dunkelrot. Der Künstler schämte sich. Daran hatte er noch nie gedacht. Das Mädchen in seinem armseligen, verblichenen Kleide verließ das Atelier, aber die fragenden Worte klangen in seinem Herzen nach. Er versuchte, sie loszuwerden, aber es war unmöglich. Er beeilte sich, das Gemälde an seinen Bestimmungsort zu schicken, doch konnte er nicht die Worte vergessen: »All das für dich!«

Zuletzt war die Qual seines Herzens nicht mehr zu ertragen. Er wollte ihr Auge in Auge gegenübertreten und sie besiegen. So ging er zur Beichte. Pater Hugo hörte seine Beichte. Da er an alle Lehren der Kirche glaubte, erteilte ihm der Priester Absolution und versicherte, alles wäre in Ordnung. Der Künstler gab das Altarbild viel billiger ab, als er gewollt hatte, und fühlte sich eine oder zwei Wochen lang erleichtert. Aber dann erwachte von neuem die Frage: »Ihr liebt ihn doch sehr?« und forderte Antwort. Feti wurde ruhelos und konnte nicht mehr arbeiten. So wanderte er viel in der Stadt umher. Eines Tages sah er Menschen in ein kleines Haus an der Stadtmauer gehen. Einige Tage später erfuhr er, daß ein Fremder dort wohnte, einer von der neuen Lehre. Hier war möglicherweise das zu finden, was er suchte. So ging Feti in die Versammlungen, um zu beobachten, vielleicht als Suchender, sicher nicht, um ein Anhänger dieser Lehre zu werden. Aber ein Mensch kann dem Feuer nicht nahe kommen und doch kalt bleiben. Der Suchende fand das, wonach er sich sehnte: einen lebendigen Glauben. Sein neuer Freund lieh ihm eine Zeitlang eine kostbare Abschrift des Neuen Testaments, aber nach einigen Wochen wurde er aus Düsseldorf vertrieben, zog von dannen und mußte das Buch mitnehmen. Aber das Wesentliche daraus blieb in Fetis Herzen haften.

»All das tat er für mich – wie kann ich den Menschen sagen von dieser Liebe, dieser grenzenlosen Liebe, die ihr Leben ebenso hell machen will wie das meine?« Während der Künstler so grübelte, hielt er zufällig ein Stück Holzkohle in der Hand. Gedankenlos, halb im Traum, zeichnete er mit ein paar Strichen ein dornengekröntes Haupt. Seine Augen wurden feucht dabei. Plötzlich fuhr ihm ein Gedanke durch den Sinn: »Ich kann malen, mein Pinsel muß es verkünden. Ach, in jenem Altarbild drückte sein Gesicht nur Todesqual aus. Aber das war nicht die Wahrheit. Unaussprechliche Liebe, unendliches Mitleid, williges Opfer müssen darin zu sehen sein.«

Und dann malte er – jede Fiber an ihm lebte, und der Maler wuchs über sich selbst hinaus. Das neue Gemälde von der Kreuzigung war wie eine göttliche Eingebung.

Er konnte sich nicht entschließen, es zu verkaufen, und schenkte es seiner Geburtsstadt Düsseldorf. Das Bild wurde in der öffentlichen Galerie ausgehängt, und die Bürger strömten dahin, es zu sehen. Jeder, der davor stand, verstummte, und sein Herz wurde bewegt. Mit dem Bewußtsein der Liebe Gottes ging er von dannen, und in seiner Seele klangen die Worte, die unter dem Bild standen: »Das tat ich für dich – was tatest du für mich?«

Auch Feti ging oft hin. Er stand weit hinten in einer Ecke der Galerie und bat Gott, er möge seine gemalte Predigt segnen. Als sich eines Tages die übrigen Besucher verlaufen hatten, bemerkte er ein armes Mädchen, das bitterlich weinend vor dem Bilde stand. Der Künstler trat zu ihm: »Was macht dich so traurig, Kind?«

Das Mädchen wandte sich um, es war Pepita. »O Herr, wenn er mich nur so geliebt hätte!« sagte sie und deutete auf das Antlitz des Heilands, das sich mit verlangender Liebe über sie beugte. »Ich bin nur ein armes Zigeunermädchen; für Euch ist diese Liebe da, aber nicht für mich«, und die Tränen stürzten ihr aus den Augen, ohne daß sie sich die Mühe gab, sie zurückzuhalten.

»Pepita, auch für dich ist das alles« – und dann erzählte ihr der Künstler die ganze Geschichte dieser Liebe. Bis zu der späten Abendstunde, als die Galerie geschlossen wurde, saßen die beiden beieinander und redeten. Nun wurde der Maler nicht mehr müde, ihre Fragen zu beantworten, denn sie fragte ja nach dem, den er liebte. Er erzählte dem Mädchen von dem wunderbaren Leben des Heilands und seinem siegreichen Tode und wie er auferstand in Herrlichkeit. Er erklärte ihr auch, wie diese erlösende Liebe uns mit Gott verbindet. Sie lauschte, nahm die Worte in ihrem Herzen auf und fand zum Glauben.

Viele Jahre waren seitdem vergangen, da fuhr auf der Reise nach Paris ein fröhlicher junger Grafensohn in seiner Kutsche in Düsseldorf ein, und während seine Pferde gefüttert wurden, besuchte er die berühmte Galerie. Er war reich, jung und klug, die Welt strahlend schön, und all ihre Schätze standen ihm offen. Nun trat er vor Fetis Bild und war tief ergriffen.

»Das tat ich für dich – was tatest du für mich?«

Er las wieder und wieder die Inschrift auf dem Rahmen und konnte sich nicht losreißen – sie drang in sein Herz hinein, die Liebe Christi ergriff ihn und nahm ihn für immer gefangen. Das Licht verblich, der Türschließer mußte den jungen Mann am Arm fassen und ihm sagen, daß es Zeit sei, die Galerie zu verlassen. Die Nacht war gekommen – nein – für jenen jungen Mann war vielmehr die Morgenröte des ewigen Lebens angebrochen. Es war Zinzendorf.

Von dem Augenblick an legte er Leben, Vermögen und Ruhm dem zu Füßen, der durch das Bild zu seinem Herzen geredet hatte.

Domenico Fetis Gemälde »Ecce homo« hängt heute in der Alten Pinakothek in München.

Joachim Dachsel

DIE STÖRUNG

Die Begebenheit, die ich hier erzählen will, ereignete sich im Jahre 1923 in einer Stadt an der Ruhr. Ich vernahm sie aus dem Munde eines sehr verehrungswürdigen Mannes in nur andeutender Kürze und berichte sie so, wie sie seitdem in meinem Herzen steht, wohl wissend, daß die Einzelheiten des Vorfalles andere gewesen sein mögen, aber in der Hoffnung, daß seine Wahrheit dadurch nicht verdunkelt, sondern recht ans Licht gebracht werde.

Damals schien der Haß, der zwischen der Bevölkerung und den einmarschierten französischen Truppen herrschte, kaum noch Grenzen zu kennen. Die Grubenarbeiter legten ihre Arbeit nieder. Die Eisenbahner stellten die Beförderung der Kohle ein. Das Leben geriet aus seiner mühsamen Ordnung und verzehrte sich im Dienste des Hasses. Jeder Widerstand, jeder Ungehorsam gegen die Anordnungen des Militärs riefen die Gegenmaßnahmen der Truppe auf den Plan. Wo die Deutschen durch Verweigerung ihrer Hand die Absichten des Gegners zu durchkreuzen suchten, wie es etwa bei der Stillegung der Eisenbahnen geschah, wurden Wirtschaft und Verwaltung in französische Regie genommen.

Weil dies aber begreiflicherweise bei allem Nachdruck nur notdürftig geschehen konnte und – nach Lage der Dinge – Rücksicht auf ein normales Leben der widerspenstigen Bevölkerung nicht zu erwarten stand, war endlich kaum ein Bereich auch nur des alltäglichsten Lebens unversehrt geblieben. Einzig die Gottesdienste nahmen ihren ungestörten Verlauf, und es mochte sein, daß die einen sich gerade deshalb von ihnen fernhielten. Schien doch dadurch erwiesen, daß die Kirchen also nur noch wie Versteinerungen aus einer längst vergangenen Zeit in die Gegenwart ragten und den Anschluß an das heiße Leben verloren hatten. Es gab aber auch andere, die sich in die Stille der Gotteshäuser flüchteten, weil sie sich so wenigstens für eine Stunde aus dem Drange der Ereignisse in einen Raum zu retten gedachten, wo sich eben nichts mehr ereignete, wo vielmehr alles in sich zu ruhen schien.

Nun geschah es aber in der obenerwähnten Stadt, daß eines Sonntags ein französischer Offizier während des Gottesdienstes, als die Gemeinde gerade zu singen begann, eine der Kirchen betrat. Er schritt auf die vordersten Bänke zu und bat, mit Gebärden eindringlicher als mit Worten – denn die Orgel spielte eben mit vollem Werke –, ihm doch ein wenig Platz zu verschaffen. Es hätte seiner Bitte nicht bedurft; denn als die Leute die verhaßte bläuliche Uniform erblickten, strebten sie ungebeten von dem Fremden fort.

Mittlerweile waren andere auf den Ankömmling aufmerksam geworden. Der Gesang wollte ihnen im Munde erstarren, und das Lied wäre kläglich in Unordnung geraten, wenn die Orgel nicht unbekümmert und unwissend weitergespielt hätte, so daß schließlich auch die jählings Verstummten wieder hineinfanden.

Der Franzose aber, der es des um ihn entstandenen Raumes wegen nun schon ein Stück weit bis zum Nächstsitzenden hatte, rückte nach und bat, mit im Gesangbuch seines Nachbarn lesen zu dürfen. Das konnte nun wohl nicht verwehrt werden, und so hörte man ihn denn alsbald fremden Akzentes, aber doch leidlich deutsch eines jener alten Lieder singen, die in ihrer unebenen Sprache dem Romanen fast unverständlich und seinem Gefühl zuwider sein mußten. Daraufhin wich der erste und eisigste Bann.

Aber die Gesichter blieben gespannt, und die Frage stand deutlich in ihnen zu lesen: Was will er hier? Warum stört er uns? Kommt er, um zu spionieren? Will er nun auch die Kirche in Regie nehmen?

Dem Liede folgte die Predigt, und sie war eine Predigt wie andere auch. Mochte der ergraute Geistliche bei den ersten Worten eine leichte Unsicherheit verspüren, so straffte ihn doch die Würde seines Dienstes, und er fand sich rasch in seinen durch Jahrzehnte gewohnten Tonfall. Die Gedanken seiner Gemeinde aber schweiften wieder und wieder hinüber zu dem verhaßten Fremden in seiner sauberen Uniform mit den Rangabzeichen eines Hauptmannes. Klein, geschmeidig und von schlanker Gestalt saß er da, angestrengt lauschend und das Gesicht zur Kanzel gewandt, so daß man den Kehlkopf von Zeit zu Zeit auf- und niederrollen sah. Der Mann erschien wohl jünger, als er war.

Zwischen den ruhigen, langen Kerzen des Altars aber hing still und fast unscheinbar der Gekreuzigte an seinem schwärzlichen Holze.

Der Predigt folgte ein Stück Liturgie, das dem Franzosen ungewohnt sein mußte; denn er spähte unsicher erst nach der einen, dann nach der anderen Seite, hatte sich aber ehrerbietig mit der Gemeinde erhoben. Die Beichte schien er zu verstehen. Er senkte demütig das Haupt, und die ihm zunächst saßen, glaubten, beim Sündenbekenntnis auch sein Ja zu hören. Am Ende zeigte es sich, daß er unter den Abendmahlsgästen saß, einsam auf seiner Bank, in die Lichter starrend, deren Flammen jetzt schwach tanzten.

Es war aber doch, als ginge ein Zögern durch die ganze Kirche, als atmeten die Menschen vorsichtiger und verhaltener und als stünde auch die Luft still, oben im grauen Dämmer von Pfeiler zu Pfeiler. Selbst die Orgel zauderte, und vielleicht atmete sogar der Geistliche heute langsamer am

Altare, bis die Einsetzungsworte mit ihrer feierlichen Melodie im Raume standen: Unser Herr Jesus Christus, in der Nacht, da er verraten ward, nahm er das Brot, dankte und brach's und gab's seinen Jüngern und sprach: Nehmet hin und esset; das ist mein Leib, der für euch gegeben wird; solches tut zu meinem Gedächtnis. Danach nahm er auch den Kelch nach dem Abendmahl, dankte, gab ihnen den und sprach: Nehmet hin und trinket alle daraus; dieser Kelch ist das Neue Testament in meinem Blut, das für euch vergossen wird zur Vergebung der Sünden; solches tut, sooft ihr's trinkt, zu meinem Gedächtnis.

Danach traten die Gruppen der Gemeinde zum Altar, um dort das heilige Mahl zu empfangen: Männer und Frauen und darunter ein im Kriege Verstümmelter auf seinen Krükken, sorglich begleitet. Und es war eine tiefe Stille während der Ausspendung durch das verhaltene Orgelspiel und die Stimme des Pfarrers hindurch.

Als aber endlich der Mann in der bläulichen Uniform sich erhob, um an den Altar zu treten, da stand er allein. Kein einziger war da, an seiner Seite zu gehen. Nur ein Gesangbuch polterte zwischen die Bänke. Langsam schritt er vorwärts und hielt dann inne, bis die vor ihm Knienden aufstanden und ihm Raum gaben.

Zwischen den Kerzen hing noch immer reglos und stumm der Gekreuzigte. Aber es war, als tanzten die Lichter mit einem Male unruhiger. Und Unruhe schlug auch in die Herzen der Menschen. Scharren wurde da und dort hörbar wie von Füßen, die dem Alleingelassenen zur Seite eilen wollten voll Widerspruch gegen das Herz ihrer Herren! Einen Augenblick lang ließ sich vernehmen, wie die Zeit verstrich.

Endlich trat denn doch der nächste unter den noch Übriggebliebenen an die Seite des Offiziers, noch wiederwillig, und alle sahen deutlich den braunen Mantel, die vorzeitig silbrige Schläfe und die Hand, wie sie den Hut mit Anstrengung umkrampft hielt.

Mittlerweile war am Altar ein kurzer Zwischenraum entstanden. Der Geistliche hatte, die Schale schon in der Linken haltend, verwundert auf den einzelnen Fremdling niedergeschaut. Jetzt beugte er sich herab, um in der Ausspendung fortzufahren; denn neben dem Offizier kniete nun der Mann im braunen Mantel, um gemeinsam mit ihm den Leib des Herrn zu empfangen.

Es kannten aber die meisten Menschen, die Zeugen dieses Vorfalles wurden, diesen Mann, und wußten, daß es einer der Bürgermeister der Stadt war, ein vertrauenswürdiger Mann, der den Städtern in ihren Nöten nach Kräften zu helfen suchte.

Vorn an den Stufen des Altars geschah indessen mehr, als selbst der vieläugigen Gemeinde sichtbar werden konnte: Als nämlich die beiden Männer nach der Spendung des Abendmahles aufstanden und einander ins Antlitz blickten, da fuhr es ihnen durch die Herzen, und es war ihnen zumute, als seien ihre Augen gehalten gewesen bis jetzt. Der Bürgermeister erkannte das Gesicht wieder, das ihm seit dem Vortage bekannt sein mußte, wenngleich es da andern Ausdrucks gewesen war. Am vorhergehenden Tage nämlich war der andere in Begleitung dreier weiterer Militärs bei ihm vorgefahren, um von ihm die Durchführung einer Reihe von Maßnahmen zu fordern, die tief ins Leben der Stadt einschnitten.

Der Bürgermeister hatte seine Bedenken nicht verschwiegen, die Erfüllung höflich verweigert und es gewagt, jenen Forderungen Vorschläge entgegenzusetzen, die ihnen das Einschneidende, ja Zerstörende nehmen konnten, ohne die Truppe der Garantien zu berauben, um derentwillen die Militärs auf ihnen bestanden. Die Herren hatten sich mit unbewegten Mienen und feindseligem Schweigen die Vorschläge des Deutschen angehört, der Hauptmann, indem er mit Mühe seine Ungeduld bezwang und sich mehrmals mit der damals fast modischen Reitgerte leicht in die linke Hand schlug.

Als der Deutsche schwieg, fegte ein pfeifender Strich der Gerte – schräg durch die Luft – seine Vorschläge beiseite. Die Herren gaben sich, als seien sie bisher taub gewesen, und stellten ihre Forderungen durch den Mund des Hauptmanns von neuem, knapp, zusammengefaßt und womöglich noch schroffer als vordem. Darauf erwiderte der Bürgermeister, er bedaure, daß bei dieser Begegnung dann von einer Verhandlung nicht mehr die Rede sein könne, sondern eher ...

»Wir sind nicht zu Ihnen gekommen, um zu verhandeln!« war die Antwort des Hauptmanns, bei der er seine Reitgerte unsanft auf den Tisch warf und die Herren seiner Begleitung sich wie ein Mann erhoben. »Wir erwarten von Ihnen die Durchführung unserer Anordnungen, andernfalls ...«

Und dieses Andernfalls hing nun seit gestern über des Bürgermeisters Haupte; denn die Herren hatten danach sein Amtshaus verlassen, ohne den Satz zu vollenden. Um dieses Andernfalls willen mochte er auch in seiner Bedrängnis heute hierhergekommen sein.

Während dem Bürgermeister am Altare beim Anblick seines Gefährten dies alles vor die Seele trat und ihm das Blut zum Herzen schoß, hatte auch der Hauptmann sein Gegenüber erkannt. Auch er mochte den Blutstrom in seinen Adern fühlen. Er stand einige Sekunden wie ratlos, zwischen Verwunderung und Erleuchtung, strich sich eine dunkle Haarsträhne aus der Stirn. Dann geschah, was auch die Gemeinde erkennen konnte: Die Rechte des Offiziers erhob sich scheu und wie bittend dem Mann im braunen Mantel entgegen. Die Rechte des Mannes im braunen Mantel suchte einen Augenblick lang unstet nach einem Orte, bis sie rasch, sie konnte ja gar nicht anders – es tat sich nun wie von selbst – die Hand des anderen ergriff, fest und sicher. Eine Weile verhielten die beiden Hände so und wollten nicht wieder voneinander lassen.

Dann schritten die beiden Männer, seltsam gelösten Gesichtes, durch den Mittelgang zwischen dem Gestühl hindurch ihren Plätzen zu, wo vor dem Sitze des Offiziers die Reitgerte mit der Schlaufe unansehnlich am Huthaken hing.

Der Vorfall hatte nur eine kurze Spanne Zeit erfordert. Aber die danach vortraten, um das Abendmahl zu empfangen, schienen dichter beieinander zu gehen. Die Menschen atmeten tiefer, die Orgel spielte zuversichtlicher, und oben im grauen Dämmer, von Pfeiler zu Pfeiler, schien die Luft mit zu erbrausen, als der Schlußchoral erklang.

Zwischen den Kerzen des Altars ragte noch immer reglos das Bild des Gekreuzigten wie der Leib eines Toten, der nichts mehr vermag. Die beiden Männer aber erkannten, daß es die Kraft des Lebendigen war, durch die an ihren Herzen geschah, was ihnen in dieser Stunde widerfahren war; und sie wußten gleichwohl, daß es ihnen zuteil werden konnte nur als solchen, die miteinander unter dem Kreuze standen, nicht unter diesem und jenem, sondern unter dem Kreuze dessen, den der Tod nicht halten konnte.

Die andern aber, die um sie her versammelt waren, begannen, mit ihnen zu erfassen, daß es der Gegenwart dieses Lebendigen bedurfte, damit sich ereignete, was nirgends sonst sich ereignet. Und es lag wohl nur an den irdischen Ohren, daß durch den Lobgesang der Menschen hindurch nicht ein größerer Lobgesang vernehmbar wurde.

Als danach die beiden Männer miteinander durchs Portal ins Freie traten, schritten sie wie durch eine Gasse von Wartenden, obwohl doch niemand den Anschein erwecken

START INS LEBEN
Eine neue Chance
Eine neue Hoffnung
Eine neue Zukunft
Das unbegrenzte Angebot:
"Ich habe euch eine Tür geöffnet, die keiner mehr zuschließen kann..."
(Offb. 3,8)
DAS BUCH FÜR LEUTE VON HEUTE
DIE FRAGE NACH DEM WARUM
FANG AN ZU LEBEN
LEBEN BEGINNT MIT DER GEBURT.
WER WIEDERGEBOREN IST, LEBT WIRKLICH.

JA, ich möchte das „unbegrenzte Angebot" in einem Bibelfernkurs kennenlernen.

Bitte senden Sie mir die ersten Unterlagen.
Kostenlos *und* **ohne Verpflichtung.**

Meine Adresse:

____
Name und Vorname

____
Straße und Hausnummer

____
PLZ/Ort

____
Telefon *Unterschrift:*

Bitte ausreichend frankieren

Rückantwort

INTERNATIONALES BIBELSTUDIEN-INSTITUT
Stimme der Hoffnung

Postfach 9122
8050 ZÜRICH

wollte, ein Gaffer zu sein. Sondern sie standen alle wie zufällig, als warteten sie auf den oder jenen aus der Schar der Nachdrängenden. Sie gingen wohl auch ein paar Schritte auf und ab oder grüßten gar. In ihren Augen aber war der Haß gegen den Fremdling erloschen. Dieser, in seiner bläulichen Uniform, und der Mann im braunen Mantel schritten noch ein Stück miteinander dahin, Schulter an Schulter, doch ohne einander zu berühren.

Nachdem sich das hohe Portal hinter dem letzten Kirchgänger geschlossen hatte, hing in einer der ersten Bankreihen, unansehnlich, mit der Schlaufe am Haken, noch immer die damals fast modische Gerte des Offiziers.

Clara Viebig

DER OSTERQUELL

Langsam stiegen drei Wanderer am späten Nachmittag die schlängelnde Bergstraße aufwärts. Hinter ihnen lag das einsame Wirtshaus, in dem sie ihr Gefährt untergestellt; seine grellen Mauern schimmerten noch herüber, sonst weit und breit kein Gehöft, kein Dorf. Die Ebereschenbäume zu seiten des Weges noch kahl, der Wind zaust in ihren Kronen; hier und da ein Trupp Tannen und Kiefern, deren Wurzeln am Geröll des Absturzes fast nackt hängen. Rechts geht's tief hinunter in blaue Waldschluchten, links streift der Blick über kahles Plateau. Sonst nichts! Der Mann im sonntäglichen Tuchrock und schwarzer Schirmmütze setzte den derben Knotenstock kräftig auf, mit seinen weitausholenden Schritten war er längst den anderen vorauf; mühselig keuchte das Weib nach. Das dunkle Wollkleid hatte sie über dem blauen Friesrock gerafft. Man sah's aber doch, sie war gesegneten Leibes. Alle paar Schritte blieb sie stehen und holte zitternd Atem; unruhig drang ihr Blick vorwärts und haftete dann auf dem Kind, das, an ihrem Rock hängend, hinter ihr drein schlorrte. Ein fünf-, sechsjähriger Bub war's, ein bleicher, mit dickem Kopf und schlotternden Beinen – ein halb blödes Geschöpf, wie es oft in den Eifeldörfern auf der Hausschwelle hockt, den Vorübergehenden mit verschwollenen Augen nachstarrend.

»Juseppche, biste müd'?« fragte die Mutter und strich dem Jungen mit trauriger Gebärde die fahlen Haare hinter die Ohren. Er schüttelte den Kopf, aber er sprach nicht; seine ganze Aufmerksamkeit galt dem roten Regenschirm, den er wie ein Steckenpferd zwischen den Beinen hielt. Jetzt stolperte er darüber, sein Gesicht verzog sich zum Weinen, doch keine Träne lief aus den Augen; er war zu blöd dazu. Der Wind wehte stark und blähte die Gewänder der Dahinschreitenden gleich Segeln; es ist kein Winterwind mehr und auch kein rechter Frühling drin. Blaugrauer Aprilhimmel wölbt sich über den Eifelkuppen, in der Tiefe lauert schon erstes Grün, aber auf der Höhe liegen noch vereinzelte Schneeflecke wie Wäsche zum Bleichen.

Es ist Samstag vor Ostern.

Morgen, am ersten Ostertag, wird die Straße nicht mehr so einsam sein, da zieht es hinauf zum Kloster Buchholz in aller Herrgottsfrühe. Im Dunkel der Nacht brechen die frommen Seelen auf von Eckfelde und Gillenfeld, von Manderscheid und Pantenburg und noch weiter her. Sie wandern zu zweien und dreien, sie kommen auch um ein Fähnlein geschart mit

Gesang: »O heil'ger Benedikte, du treuer Seelenhirt –« sie alle wollen Osterwasser schöpfen aus dem Quell, der neben der Kirchtür unter uralten Buchen quillt.

Es ist heiliges Wasser. Wer bei den ersten Strahlen der Ostersonne schöpft und trinkt, dem rinnt ein neuer Lebensquell durch Mark und Bein.

Sie schöpfen aus der hohlen Hand, sie schöpfen auch in Krügen und bringen es mit heim; der Priester in der kleinen Kirche nimmt den Entgelt und spricht den Segen. Hunderte, mehr als der enge Raum fassen kann, liegen drin auf den Knien; die Türen sind weit aufgetan, der Mosenkopf mit seinem Kratergipfel und die Waldbäume lugen hinein.

Buchholz ist längst kein Kloster mehr, nur wenige Benediktenbrüder sind zurückgeblieben; ein Schimmer von Heiligkeit webt sich um sie, die jetzt in langen schwarzen Soutanen mit überwachsener Tonsur auf den halbkreisförmigen Bänken das Brevier beten oder im Sonnenschein ihre Kranken leiten. Die geistlichen Herren zu Buchholz sind berühmte Pfleger weit und breit; wer mit Gebrechen belastet ist und die Kosten zahlen kann, strebt zu ihnen.

Sieben Stationen führen hinauf, die heißen die sieben Schmerzen. »O heil'ge Moddergotts, Gebenedeite unnerden Weibern, um deines Sohnes Jeses Christes willen«, sprach das Weib und knickste an der ersten Station vor der steinernen Tafel, darauf in rohem Relief die Gestalt des Heilands gemeißelt ist – die Kriegsknechte drücken ihm die Dornenkrone aufs Haupt. Sich bekreuzigend, ging sie weiter. Jede Tafel weist ein neues Bild – da laden sie ihm das Kreuz auf, da bohren sie ihm Nägel in die Hände und Füße, da tränken sie ihn mit Essig, da stoßen sie den Speer in seine Seite – immer schleppender ward des Weibes Schritt; ihr verhärmtes Gesicht erbleichte tief – es hatte hübsche Züge, feiner als die der anderen Bauernweiber –, ihre dunklen Augen öffneten sich angstvoll. Am siebenten Schmerz sank sie in die Knie. – »Es ist vollbracht«, stand da zu lesen. Der Rosenkranz entglitt ihren Fingern, hart schlug sie die Stirn an den Pfahl der Tafel.

»Jeses Christes, erbarm dich, erbarm dich meiner – Jeses Christes, erbarm dich« – sie wiederholte wieder und wieder, weiter kam sie nicht; ihre Stimme erstickte, dazu hob sie die gefalteten Hände und preßte sie krampfhaft gegen die Brust. Das Kind stand teilnahmslos daneben, seine Hand ließ den Rock der Mutter nicht los, mit der anderen hielt es den roten Regenschirm. –

»Katrein – Katrein!«

Die Frau fuhr zusammen und richtete sich hastig auf; ihr Mann rief: »Äwer Katrein, wat michste, wuh bleibste e su lang? Maach dooch!« Er stand wartend still und klopfte ungeduldig mit dem Stock auf den Boden.

»Jao, jao, ech kommen!« Sie setzte sich in Trab, unterm Keuchen des Atems murmelte sie: »O Jeses Christes, ech sein esu angst – erbarm dich – esu angst!«

Jetzt tat sich hoher Buchenwald auf, die Schritte raschelten im braunen Laub, ein modriger Geruch stieg empor, dazwischen ein Duft nach treibender Erde und schwellenden Blattknospen.

»Gel, Juseppche, lao es et su schien; hei bleiwste esu gären?« sprach der Vater und tippte den Jungen mit der schwieligen Bauernhand kräftig auf die Schulter, daß der in den schwachen Knien zusammenknickte und taumelte.

»Ä!« Der Mann wandte sich ab, halb unwillig, halb schmerzlich. »Es dat en Elend met dem Könd!« Er schob die Mütze nach hinten und kratzte sich seufzend den Kopf.

Der Frau schossen die Tränen in die Augen, mit einem wehen Blick zog sie den Buben an sich und hielt ihn fest umschlungen. »Kreisch net, Katrein«, sagte der Mann und wischte ihr mit der rauhen Hand über die Backen, »mer holen Osterwasser, on dat Juseppche bleibt owen, dann es de Sach gemacht!« – Die Tropfen liefen ihr übers Gesicht – so traten sie in Buchholz ein.

Kein Mensch zu sehen, die Tür des Wohngebäudes geschlossen, die schmalen, rundbogigen Fenster verhängt. Mathias Steffes klopfte am Eingang; der Klingelzug mit dem Kreuzchen als Griff gab einen undeutlich heiseren Klang. Niemand öffnete. »Ke Mensch derhäm? Kotzdonner!« Verdrießlich schritt der Mann längs der hohen Mauer weiter zur Kapelle; schüchtern folgte das Weib, den Knaben noch immer an sich drückend.

Wie still ist es hier! Bis dicht an die Kirche reichen die schlanken Waldstämme, Zweige klopfen an die bleigefaßten Scheiben, das heilige Brünnlein rinnt murmelnd und sickert zwischen die Grabhügel des kleinen Friedhofes, des Gartens von Buchholz. Hier muß es sich gut ruhen, wo Baumwipfel Schlummerlieder rauschen und durch den Aushau im Wald eine wunderbare Ferne herüberblaut. Hier muß es gut auferstehen sein, wenn die Sonne des Jüngsten Tages strahlend über den Mosenkopf steigt und der ewige Ostermorgen anbricht!

»Holla – hoa – niemand derhäm?« rief der Bauer und hielt die hohlen Hände an den Mund.

»Hoa – ech sein dän Mathias Steffes aus Mehren – ech sein dän Bruder von em gastlichen Hähr, vom Pater Josef – hoa, holla – ech kommen for Osterwasser on ech maanen mein Jong daor ze laoßen for gesond ze gänn – hoa, hä!«

»Wer ruft?!« Die Kapellentür hatte sich lautlos geöffnet, auf der Schwelle stand eine große Mannsgestalt im Priesterkleid, von dem stumpf schwarzen Rock hob sich das Priestergesicht, fahl und starr, der kräftige Nacken gebeugt wie unter einer schweren Last. Er war noch jung.

»Josef!« Mathias Steffes stürzte vor und streckte die Hand aus, aber sich besinnend, zog er sie zurück, riß ehrfurchtsvoll die Mütze vom Kopf und scharrte einen Kratzfuß: »Hähr Bruder, exkusieren Se – ech sein dän Mathes, kennen Sie mech noch? – On hei es et Katrein, Hähr Bruder!«

Der andere zuckte zusammen; aus seinen tiefliegenden Augen floß ein scheuer Strahl zu dem Weib hinüber, dann senkten sich die Lider, die Arme fielen ihm schlaff am Leib herunter. »Seid gegrüßt!« sprach er eintönig.

Sieben Jahre waren es, seit Josef Steffes die Weihen empfangen, das Gelübde der Gottseligkeit und Keuschheit abgelegt hatte – sein Priesterkleid war unbefleckt, aber sein Herz nicht rein. Alles Beten half nichts; er hatte zuviel an die Katrein denken müssen, die einstmals an seinem Halse gehangen und geschluchzt hatte: »Ich muß ja den Mathes heiraten, aber dich vergeß ich net, Josef, kannst sicher sein – und wann zu zehnmal bei die geistlichen Herren bist – sie sein sehr heilig, aber – mein Josef, o hätt' dich doch deine Mutter selig nie der Kirch' versprochen; wärst du net der Jüngste – wie froh könnten wir sein! Paß auf, Josef, wir sein nun alle beid' wie begraben, du in deinem Kloster, und ich in meiner Eh!« –

Sie hatte recht gehabt, er lag wie im Grab. Immer beten, immer fromm sein, wenn das Jugendblut in den Adern hämmert und die Manneskraft sich aufbäumt – da wird man zuletzt starr und kalt wie ein Toter. Dem Mathes gehört alles – er war der Älteste – Haus und Hof und Braut. Der Josef gehörte der Kirche; der hatte die Heiligkeit und den Himmel.

»Katrein!« murmelte der Josef im schwarzen Priesterrock, als sie in der Kapelle einander gegenüberstehen. Nach sieben Jahren zum ersten Male.

Langsam weicht er zurück bis zum Altar, langsam folgt sie bis zum Altar – sie sind allein. Draußen jagt das blöde Kind eine Eichkatze, und der Mathes schaut dem zu. Dämmerung ist's, so eine Dämmerung, in der die Wangen fahler scheinen und die Augen gespenstischer.

»Katrein!«

»Josef!«

Sie streckt flehend die Hände gegen ihn aus –

»Josef, de Ruh – de Ruh!«

Ihre Augen haben einen bittenden, ängstlichen Ausdruck, für Minuten starren sie ihn an, dann gleiten sie scheu an ihm vorbei zum Bild überm Altar; mechanisch fällt sie auf die Knie: »Maria, Gebenedeite, bitt for ons arme Sünder!«

Die murmelnden Lippen schweigen wieder, man hört jetzt nichts als bange, zitternde Atemzüge – und dann –

»Ech sein gestraoft for mein Sünd, ech haon alleweil an dän Josef gedenkt, vill zu vill! Ech hoan mech ä su gegrämt, ech wollt net Modder werden von em Könd, dat net dem Josef sein't sein konnt – die Sünd! Davor es dat Juseppche schwach im Kopp gäwen. – Jeß, o jeß, mein Sünd!«

Die Tränen stürzen ihr stromweis über die Backen, sie wendet den Kopf und faßt mit zitternden Fingern das Gewand des Priesters: »Gaastlicher Hähr, dän Mathes es esu gud, hän schlät net, hän schimpft net – nor dat Juseppche es ons Kreiz, dat Juseppche! Gaastlicher Hähr, halden se et ze Buchholz, maachen Se et gesond, Se sein studört – helfen Se mer – mein arm Juseppche!« Sie weint.

Pater Josef steht dabei, er kann nicht sprechen – wie sich das Weib auf den Fliesen windet und krümmt!

Das ist nicht mehr die Katrein, die er so sehr geliebt hat – dies bleiche, wimmernde Weib mit der entstellten Gestalt ist die ganze beladene Menschheit. Über sein kantiges Gesicht, dem sieben Jahre das Mönchsgepräge verliehen, zuckt es; er denkt nicht mehr an sich – im Augenblick ist der eigene lange Kampf verwischt – ein unsägliches Mitleid mit der da, mit der leidenden Welt, schnürt ihm die Kehle zusammen. Die

Hand fährt unter die schwarze Soutane und preßt sich auf die klopfende Brust. – »Ein Zeichen, Herrgott, ein Zeichen in meiner Nacht!«

Das Weib windet sich auf den Fliesen. »Mein Sünd' – mein arm Juseppche – Jeses Christes, erbarm dech onser!«

Der Priester steht wie versteinert und beißt sich die Lippen – da – in die verdunkelte Kirche tritt der Mathes mit knarrenden Stiefeln; zur Tür kommt der letzte Abendschein herein und beleuchtet die roh gutmütigen Bauernzüge. »Hähr Bruder«, sagt er und legt dem Priester die Hand auf die Schulter, »sein Se esu gud on halden Se ons Juseppche hei, et Katrein kennt sech en Schaden duhn, se kennt sech am Juseppche versiehn. Gelten Se, Hähr Bruder, Se sein esu freindlich? Zaohlen kann ech!«

Pater Josef nickt stumm.

Über Buchholz war's Nacht, der Himmel dunkel wie die Erde drunter. Leise rauschte der Regen nieder, trommelte auf das Kirchendach und tröpfelte von den Zweigen. Drinnen in der Kapelle brannte die ewige Lampe, wie ein Glühwürmchen blinkte sie. Die Heiligenbilder von den Wänden blickten altersgeschwärzt wehmütig herab, durch eine Luke im großen Fenster fuhr der Nachtwind und raschelte in den Girlanden von weißen Papierrosen, die sich kreuzweise über den Altarraum spannten. Drunter, zitternd beleuchtet vom Licht der schwankenden Ampel, lag Pater Josef auf den Knien.

Wie lange er hier gelegen, wußte er nicht; dumpf, wie in einem Traum, wirrten ihm die Gedanken im Kopf – die Katrein von früher, die Katrein von jetzt, das blöde Kind, alles Leid, alle Sünde und die Nacht ringsum. Er blickte zum Gekreuzigten in der Altarnische. – »Ein Zeichen, Herrgott, ein Zeichen!«

Todmüde taumelte er auf und strich sich über die schweißbedeckte Stirn; die Lider waren ihm bleischwer, kaum daß er den matten Schimmer hinterm Fenster erkannte, der Tag graute. Der Regen rieselte nicht mehr, an der Tür strömte ihm weiche und doch frische Luft entgegen.

In der Ferne nichts zu sehen, weißlich wogende Nebel ringsum, graue Schleierfetzen zwischen den Bäumen; kein Schall, kein Ruf, keine Berge, kein Tal. Alles verschlossen mit undurchdringlichem Vorhang, am Himmel nur, im Osten, feurige Streifen, wie goldene Bänder, und in der Mitte ein festes glühendes Rot.

Er wankte zur Quelle aus alter Gewohnheit, sacht plätscherte sie zwischen den rohen Steinen; er schöpfte mit der hohlen Hand und trank in gierigen Zügen – wie das labte! Er bückte sich vollends und tauchte seine Hände ein, daß die schwarzen Ärmel feucht wurden, und drückte die nassen Finger gegen die brennenden Augen – wie das kühlte! –

Leise begann im Turm das Glöcklein zu bimmeln, gedämpft drang sein Schall zu dem Gebeugten nieder; er hielt noch immer die Hände vor das Gesicht, lange, eine köstliche Erquickung strömte ihm von da durch den ganzen Leib. Seine Lider wurden leicht und frei, jetzt schlug er sie auf – er schaute, verwirrt, geblendet – er schwankte fast – o Wunder, o heilige Ostersonne!

Frei, groß, leuchtend steht sie über dem Mosenkopf, eine Welt von Licht geht von ihr aus. Zerrissen die Nebel, verschwunden das Gewoge! Lächelnd, im Glanz, liegen Berge und Täler; die Häuser der Menschen gleichen weißen Punkten auf dem ersten lenzfrischen Grün. Und über dem allen, der Nähe und der Ferne, über dem Kirchlein, über den Buchen mit den schwellenden Knospen, über den Hügeln des kleinen Friedhofs, über der ganzen großen Natur ein heimliches Jauchzen: »Ostern – Frühling – Auferstehen!«

Ein Vogel hebt sich trillernd vom Grasrain – ist es eine Lerche? Ja, mit langem, jauchzendem Geschmetter schießt sie in den Äther. Was ist das?! Bruder Josef breitet die Arme weit aus. Er sieht sich staunend ringsum, er fährt sich über die Augen wie einer, der seinen Blicken nicht traut, seine breite Brust dehnt sich zum Zerspringen unter mächtigen Atemzügen, er reckt die starke Gestalt; ist er denn blind gewesen? Geht die Sonne nicht alltäglich so auf? Ist die Natur nicht immer groß und herrlich auch für den im Priesterrock? – Freilich! Warum sieht er's nur heute?

Der Priester faltet die Hände und schlägt ein Kreuz: »Das ist das heilige Osterwasser – gelobt sei der Auferstandene!«

Er weiß es nicht, der Mann im schwarzen Rock, 's ist nicht das Osterwasser, das ihn sehend macht; es ist das köstliche Naß, das jetzt seinen Augen entquillt – Tränen heiliger, allbarmherziger Liebe!

Die Glocke im Turm bimmelt immer noch, von weitem hallt Gesang, es schimmert bunt in der Ferne. »Sie kommen«, spricht er und geht ihnen entgegen. Schwarz weht sein langer Rock, aber die Sonne webt drum ein helles Geflimmer; das Weib, das zwischen den Gräbern daherkommt, den Knaben an der Hand, wird schier geblendet. Mit demütigem Gruß weicht sie zur Seite, ihr Wasserkrüglein fest an die Brust drückend. Sie wagt nicht, zu ihm aufzusehen, sein Gesicht ist freundlich und doch hoch und ein Glanz darauf, den sie nicht kennt.

»Heiliger Hähr«, stammelt sie scheu und hascht nach dem flatternden Ärmel der Soutane.

Er nickt, dann hebt er rasch den Knaben auf den Arm und drückt sein Gesicht an das blöd grinsende.

»Katrein«, spricht er sanft, »Katrein, geh heim in Frieden!« Er macht ihr das Zeichen des Kreuzes auf Stirn und Brust. »Gesegnet seist du, und wann du ein gesundes Kind hast, dann freue dich und preise den Auferstandenen. Wir beide, der Jusep und ich – gelt du, Juseppchen? –, wir tun miteinander auferstehen; der da oben« – er berührt die Stirn des Kindes –, »ich hier innen!« Er schlägt sich auf die Brust. »Wir brauchen einander!«

Sie versteht ihn nicht, aber sie fühlt, daß er ihrem Juseppchen gut ist; sie sieht, daß er lächelt, und sie lächelt auch. Mit tiefem Knicks greift sie schüchtern nach seiner Hand und drückt ihre Lippen darauf; dann geht sie, ohne sich noch einmal umzuschauen, den blonden Kopf tief fromm gesenkt.

Unter den Bäumen kommt die Schar der Wallfahrer näher und näher. Die sonntäglichen Gewänder flattern im Morgenwind, bunte Tücher schimmern; blonde, braune und silberhaarige, Alte und Junge, braune Gesichter, wie aus Holz geschnitzt, und rotwangige, weiche, mit lustigen Augen, sie alle eilen zum Quell des Lebens mit Krügen und Schalen; hell tönt ihr geistlicher Gesang. Der Priester tritt mitten unter sie – er überragt die Größten um Spannenlänge – ehrfurchtsvoll knicksen die Weiber, die Männer ziehen die Hüte bis zur Erde, sie murmeln den frommen Ostergruß: »Jesus Christus ist auferstanden!«

Und Bruder Josef antwortet laut und fest: »Er ist wahrhaftig auferstanden!«

Kurt Arnold Findeisen

DIE OSTERMÜHLE

Ahnengemälde, etwa in langer Reihe nebeneinander in Gängen und Hallen prächtig aufgehängt, sind in unserem Geschlecht nicht vorhanden; auch herrscht Mangel an solchen Bildchen, auf Elfenbein oder Porzellan gemalt, die in runden, vergoldeten Rahmen zur Schau gestellt werden oder in das winzige Fensterchen einer Brosche gezwängt. Nur ein paar Schattenrisse und ein halbes Dutzend verblichener metallener Lichtbilder treiben ihr Wesen. Die Gesichtszüge unserer Ahnen verschwimmen im Nebelhaften. Kaum, daß sich aus ihrem Beruf, aus ihrem Gewerbe, soweit uns davon überhaupt Kunde geworden, einige Kennzeichen ihrer Leiblichkeit gefolgert werden könnten. Kaum, daß sich aus Urkunden ihres Lebens, wie die Familiensage sie überliefert, die Gebärde einer Hand, das Zucken einer Wimper, das Lächeln eines schattenhaften Mundes folgert. Kaum, daß irgendein Runenzug im Antlitz der Enkel einen flüchtigen Schluß auf Art und Mienenspiel längst Gewesener erlaubt.

Aber einer unserer Urväter steht doch ziemlich scharf umrissen vor der nachspürenden Liebe der Späteren, obwohl auch von ihm kein Bildchen Zeugnis ablegt. Wie die Fußspur eines Schreitenden, je schwerer er ist, desto tiefer sich im Sande abzeichnet, wie die Stimme eines Rufenden, je gewichtiger sie ist, desto deutlicher widerhallt, so ist das Wesen dieses Urvaters unserem nachgeborenen Wesen eingesprengt wie eine besonders eigenwillige Ader dem mannigfaltigen Geäder im erzhaltigen Stein, so ist sein Menschliches auf das Metall, draus unsere Sippe gegossen wurde, aufgeprägt wie das Haupt eines Königs einer landläufigen Münze.

Dieser Mann war Pächter einer großen Mühle, die an einem Wiesenfluß gelagert war. Alle Bauern im weiten Umkreis brachten ihm ihr Getreide, Roggen, Hafer, Gerste, auch Weizen; er selber baute welches an, das er zu grobkörnigem Brot verbuk, also daß keine Ähre und keine Rispe der ganzen Landschaft zu Mehl wurden, die nicht durch seine Mahlsteine geronnen waren. Den Laiben, die er in seinen Ofen schob, grub er ein Zeichen ein, das der Hausmarke ureingesessener Geschlechter glich und das seine Ware vor anderen Broten auszeichnen sollte.

Sein Gesinde beherrschte er mit Gewalt, die keinen Widerspruch zuließ. Seiner Frau und seinen drei Söhnen zwang er, sosehr er sie liebte, bei Tag und bei Nacht seinen trotzigen Willen auf. Am liebsten hätte er dem Fluß die Fülle des Wassers und dem Jahr die Menge des Getreides vorgeschrieben; er tobte, wenn in Zeiten notwendig gewordener schneller Ernten das Mahlgut sich unbequem häufte und die prallen Säcke ihm Weg und Steg verstellten, er wütete wie ein Besessener, wenn ein heißer Sommer den Fluß, den er nur als *seinen* Fluß kannte, bestahl, also daß das Schaufelrad feiern mußte, oder wenn zerlaufener Schnee, Landregen und Wolkenbruch das Wasser über die Ufer zwangen, daß die Mühle zu ersaufen drohte und wohl gar wie die Arche der Sintflut in uferlos überschwemmtem Gelände trieb.

So lief in Nähe und Ferne weniger der alte Müllerschimpf vor ihm her, er messe zu kurz, was das Mehl der anderen beträfe, als daß in den Mäulern der Leute die Meinung sich verbreitete, der überhebe sich, er, der doch nur ein Pächter, nicht ein Mühlenbesitzer sei, und die Strafe dafür werde nicht auf sich warten lassen. Daß er nicht nach der Herrschaft, der die Mühle gehöre, frage und daß er nicht an Gott und die ewige Ordnung der Dinge glaube, wisse man ohnehin. In die Kirche ging der herrische Mann allerdings nicht. So mußte sich der Herrgott zu ihm heraus in die Mühle bemühen, wenn er ihm die Anerkennung seiner Gesetze abnötigen wollte.

Das erste Mal geschah das, als wilderndes Soldatenvolk Mahlgang und Lade zerschlug, Säcke verschleppte und den ältesten Sohn, der sich den Plünderern entgegenwarf, über den Haufen schoß. Grollend und fluchend baute der Müller wieder auf, was zerstört war; die wortkarge Neigung zu dem, der einst an seine Stelle zu treten habe, übertrug er auf den zweiten Sohn. Daß der Herr ihm mit der unverbrüchlichen Verschwisterung zwischen Tod und Leben gewinkt hatte, verwarf er.

Das zweite Mal geschah es, daß unter vielen Blitzen ein letzter Strahl aus schwarzen Wetterwolken niederfuhr, den Stall in Brand steckte und dabei den zweiten Sohn, der die geängstigten Esel beruhigen wollte, erschlug, während die Tiere nicht im geringsten versehrt wurden. Diesmal warf der Müller verstörte Blicke über die Schulter, murmelte Unerfindliches und ging mit zusammengebissenen Zähnen an die Behebung des neuen Schadens. Seinem spätgeborenen dritten Sohn, einem vierjährigen Knaben, gab er alsbald deutliche Zeichen der Zuneigung, jedoch die Mahnung der verstörten Frau, daß der Herr ihm abermals gewinkt habe, stieß er hohnlachend beiseite. Er warf sich in die Brust, werkte von früh bis spät und stand weitschichtiger als je.

Da kam ein Sonnabend vor Ostern. Der Frühling blühte scheu um die Mühle. Der Fluß trieb beglänzt einher mit geschwollenem Aprilwasser. Das mächtige grünbemooste Schaufelrad drehte sich unermüdlich, von dem Schuß der Flut um die knirschende Achse gerissen. Hinter dem

Gemäuer stampfte atemlos der Mahlgang, denn es sollten noch Malter über Malter in die Lade rinnen bis morgen.

Der Müller, der am überquellenden Wiesengraben einen Schützen gezogen hatte, kam mit langen Schritten auf dem Damm daher. Er sah mit Genugtuung, wie das Rad schaufelte, wie drunterhin die Flut wühlte, wie dünner Essenhauch nahrhaft in die sonnige Luft stieg und wie sein Knabe sich am Ufer nach gelben Blumen bückte. Da, ein Schrei, ein Aufspritzen, ein Gurgeln, die Blumen trieben, ein zappelnder Körper trieb in der Flut, trieb, schlug um sich, sank, tauchte empor und trieb der Mühle zu. Der Müller schrie auf. Mit ein paar Sätzen war er in der Höhe des Rades. Zu spät! Drunten verschluckte die Flut sein Kind.

Aber wie sich Schreck und Verzweiflung in dem Mann schon in einer fürchterlichen Lästerung lösen wollten, erscheint etwas Ungewohntes in dem Knirschen der aufsteigenden Schaufeln, ein triefendes Kleiderbündel, ein bewegungsloser kleiner Körper.

Der Mann wirft sich vor und reißt den Knaben zu sich heran, daß das Röckchen in Fetzen geht. Der Mann stürzt mit dem Ohnmächtigen ins Haus und reibt und schüttelt und hat ihn wieder.

Von diesem Ostersonnabend an sei der Müller ein anderer geworden, berichtet die Überlieferung unseres Geschlechtes, die an irgendeiner Stelle als an dieser ausführlicher und gesprächiger ist. Die unverbrüchliche Verschwisterung zwischen Tod und Leben, mit der der Herr ihn unter das Gesetz gezwungen, habe er endlich begriffen und auch, daß der Herr allein und kein anderer sonst imstande sei, das Gesetz und die Ordnung der Dinge einmal aufzuheben, sobald es ihm gefiele. Die Rettung seines Knaben durch das Mühlrad am Tage vor Ostern sei ihm geradezu zum Sinnbild geworden jener Botschaft, nach der Christus aus dem Tod ins

Leben stieg, als habe sich das Rad, das ihn ergriffen, lediglich in einer halben Drehung nach oben weiterbegeben.

Die Ostermühle nannte der Ahnherr sein klapperndes Werk von diesem Tage an. Der Knabe, der durchs Rad ging, hat den Stamm fortgepflanzt und ist unser Ahnherr geworden wie sein Vater. Hätte die Schaufel ihn nicht erfaßt und hochgetragen, wir wären heute nicht – Um Lebens und Sterbens willen, vergiß nicht die Ostermühle der Ahnen, mein Sohn!

Leo Tolstoi

DAS LICHTCHEN

Es war in der Zeit, als die Gutsherren noch die Gewalt hatten. Unter den Gutsherren gab es verschiedene Leute. Es gab solche, die an ihre Sterbestunde und an Gott dachten und mit den Menschen Mitleid hatten; und es gab auch Hunde – die Toten möchten uns das Wort verzeihen. Es gab aber auch Gutsverwalter, die den Bauern das Leben sauer machten.

Auf einem Herrengute kam so ein Verwalter auf. Die Bauern waren im Frondienst. Es gab da viel Land, und das Land war gut: Wasser, Wiesen, Wälder, von allem war genug da. Es hätte für alle gereicht, für den Herrn und für die Bauern, der Herr hatte aber einen Leibeigenen aus seinem anderen Dorfe zum Verwalter gemacht.

Wie der Verwalter die Macht bekam, setzte er sich gleich den Bauern in den Nacken. Er hatte Familie – eine Frau und zwei verheiratete Töchter – und hatte auch schon etwas Geld zusammengespart. Gut und ohne Sünden hätte er leben können, aber neidisch war er und steckte tief in der Sünde. Es begann damit, daß er die Bauern außer der Zeit in die Fronarbeit trieb. Er richtete eine Ziegelei ein, ließ Männer und Weiber sich halb zu Tode arbeiten, die Ziegel aber verkaufte er. Die Bauern gingen einmal zum Gutsherrn nach Moskau, um Klage zu führen, erreichten aber nichts. Der Gutsherr schickte die Bauern heim und setzte den Verwalter nicht ab. Als der Verwalter erfuhr, daß die Bauern sich über ihn beklagt hatten, fing er an, sich an ihnen zu rächen. Noch schlimmer hatten es nun die Bauern. Unter ihnen gab es auch manchen treulosen Menschen, der seine eigenen Brüder beim Verwalter anzeigte und ins Verderben stürzte. So geriet die ganze Bauernschaft in Unruhe, und der Verwalter wurde noch böser.

Es wurde immer schlimmer, und der Verwalter erlebte es, daß die Leute ihn wie ein wildes Tier zu fürchten anfingen. Wenn er durchs Dorf fuhr, versteckten sich alle vor ihm wie vor einem Wolf, um ihm nur nicht vor die Augen zu kommen. Der Verwalter merkte, daß sie ihn fürchteten, und wurde noch wütender. Und er peinigte das Volk mit Schlägen und Arbeit, und die Bauern mußten von ihm viel Qual erdulden.

Es kam ja vor, daß man solchen Bösewichtern den Garaus machte. Auch diesen Bauern war schon dieser Gedanke gekommen. Wenn sie irgendwo abseits zusammenkamen, so sagte oft einer von den Kühneren: »Werden wir denn unseren Bösewicht noch lange dulden? So oder anders – wir gehen sowieso zugrunde –, einen solchen Menschen zu töten ist aber keine Sünde.«

Einmal vor Ostern arbeiteten die Bauern im Walde; der Verwalter hatte befohlen, den herrschaftlichen Wald zu säubern. Um die Mittagszeit versammelten sie sich und begannen zu reden.

»Wie sollen wir jetzt leben? Er rottet uns mit den Wurzeln aus. Mit der Arbeit richtet er uns zugrunde; weder wir noch unsere Weiber haben bei Tag noch bei Nacht Ruhe. Und wenn ihm etwas nicht paßt, sucht er gleich Streit und läßt einen auspeitschen. Ssemjon ist daran gestorben. Den Anissim hat er im Block zu Tode gequält. Worauf sollen wir noch warten? Wenn er abends herkommt und wieder zu wüten beginnt, reißen wir ihn einfach vom Pferde herunter, ein Schlag mit dem Beil, und die Sache ist aus. Wir verscharren ihn irgendwo wie einen Hund, und alle Spuren sind verwischt. Aber gelt, alle halten zusammen, und niemand macht den Verräter.« Das sagte Wassilij Minajew. Er hatte die größte Wut auf den Verwalter; jede Woche peitschte er ihn, hatte ihm auch sein Weib genommen und als Köchin bei sich angestellt.

So redeten die Bauern. Vor Abend kam aber der Verwalter geritten und fing sofort zu schimpfen an, daß die Bauern die Arbeit nicht richtig machten; er fand unter den gefällten Bäumen eine junge Linde.

»Ich hatte befohlen«, sagte er, »keine Linde anzurühren. Wer hat sie gefällt? Sagt es gleich, sonst laß ich euch alle peitschen!«

Er begann nachzuforschen, in wessen Reihe die Linde gestanden hatte. Man zeigte auf Ssidor. Der Verwalter schlug dem Ssidor das Gesicht blutig. Er peitschte auch Wassilij mit einem Distelzweig, weil sein Haufen zu klein war, und ritt wieder heim.

Als die Bauern am Abend wieder zusammenkamen, begann Wassilij zu reden:

»Menschen wollt ihr sein! Spatzen seid ihr und keine Menschen. ›Wir halten zusammen, wir halten zusammen!‹ wie es aber zum Handeln kommt, verkriechen sich alle unter das Dach. Ebenso haben sich einmal die Spatzen gegen die Habichte verschworen: ›Nicht verraten, nicht verraten, alle halten zusammen!‹ Als aber der Habicht geflogen kam, versteckten sich alle in den Brennesseln. Der Habicht packt einen, den er gerade will, und schleppt ihn fort. Da kommen die Spatzen aus den Brennesseln hervor: ›Pieps, pieps!‹ Einer fehlt. ›Wer fehlt denn? Wanjka! Um den ist's nicht schade, der hat's verdient!‹ So seid auch ihr: ›Nicht verraten, nicht verraten!‹ Wie er den Ssidor vornahm, da hättet ihr zusammenhalten und ihm den Garaus machen sollen. Bei euch aber hieß es erst: ›Nicht verraten, nicht verraten, alle halten zusammen!‹, und wie er angesaust kam, verkrocht ihr euch alle in die Büsche!«

Die Bauern sprachen immer öfter so miteinander und beschlossen zuletzt, dem Verwalter den Garaus zu machen. Der Verwalter ließ den Bauern in der Karwoche ansagen, daß sie sich bereit halten sollten, in der Osterwoche die herrschaftlichen Haferfelder zu pflügen. Das kränkte die Bauern; sie versammelten sich in der Karwoche auf Wassilijs Hinterhof und kamen wieder ins Reden: »Wenn er Gott vergessen hat«, so sagten sie, »und solche Dinge vorhat, so muß man ihn wirklich erschlagen. So oder anders – wir gehen zugrunde.«

Auch Pjotr Michejew war zu ihnen gekommen. Ein ruhiger Bauer war dieser Pjotr Michejew und hielt nicht ganz mit den anderen. Als Michejew ihre Reden hörte, sagte er:

»Eine schwere Sünde habt ihr vor, Brüder. Eine Seele umbringen ist eine große Sache. Eine fremde Seele umbringen ist zwar leicht, aber was wird dann die eigene zu tragen haben? Er tut Böses, und Böses erwartet ihn. Dulden muß man, Brüder.«

Wassilij wurde böse ob dieser Worte.

»Er kennt nur den einen Spruch: Es ist Sünde, einen Menschen zu töten. Gewiß ist es Sünde, aber was für einen Menschen? Einen guten Menschen zu töten ist Sünde, aber einen solchen zu erschlagen, hat Gott selbst geboten. Einen tollen Hund muß man schon aus Mitleid mit den Menschen erschlagen. Wenn man ihn nicht erschlägt, tut man eine noch größere Sünde. Soll er noch viele Menschen zugrunde richten? Und wenn wir dafür Strafe erleiden, so leiden wir eben für andere. Die Leute werden uns dafür Dank sagen. Wenn wir aber noch weiter mit offenen Mäulern zugucken, richtet er alle zugrunde. Unsinn redest du, Michejew. Ist es denn keine Sünde, wenn wir am Festtage Christi arbeiten? Du wirst auch selbst nicht zur Arbeit gehen!«

Und Michejew sagte:

»Warum soll ich nicht gehen? Wenn man mich hinschickt, gehe ich hin und pflüge. Ich tue es ja nicht für mich. Gott wird schon wissen, wessen Sünde es ist, wenn wir ihn nur nicht vergessen. Ich spreche nicht aus dem eigenen, Brüder. Wenn wir Böses mit Bösem vergelten sollten, so hätte es uns auch Gott so geboten. Er hat uns aber was ganz anderes befohlen. Wenn du anfängst, das Böse auszurotten, so kann es leicht in dich selbst kommen. Einen Menschen töten ist nicht schwer! Das Blut bleibt aber an der Seele kleben. Einen Menschen töten heißt, seine Seele mit Blut beflecken. Du glaubst, du hast einen schlechten Menschen getötet und das Übel ausgerottet, in der Tat hast du aber ein schlimmeres Übel in deine eigene Seele aufgenommen. Füge dich dem Übel, und das Übel wird sich dir fügen.«

So konnten die Bauern doch nicht übereinkommen, und ihre Ansichten teilten sich. Die einen dachten wie Wassilij, die anderen waren mit Pjotr einverstanden, daß man keine Sünde begehen, sondern dulden müsse.

Die Bauern hatten den ersten Feiertag, den Ostersonntag, gefeiert. Abends kommt der Schulze mit den Schreibern aus dem Herrenhofe und sagt: »Michail Ssemjonytsch, der Verwalter, hat befohlen, daß alle Bauern morgen hinausfahren, das Haferfeld zu pflügen.« Der Schulze geht mit den Schreibern durchs ganze Dorf und bestimmt, wer morgen hinter dem Fluß und wer an der großen Landstraße zu pflügen hat. Die Bauern jammern, wagen aber nicht zu widersprechen. Am Morgen ziehen sie mit den Pflügen ins Feld und machen sich an die Arbeit. In der Kirche wird zur Frühmesse geläutet, überall begehen die Leute das Fest, die Bauern müssen aber pflügen.

Michail Ssemjonytsch, der Verwalter, wachte an diesem Tage recht spät auf und machte sich gleich an die Wirtschaft. Seine Frau und die verwitwete Tochter, die zum Fest zu Besuch gekommen war, kleideten sich an und putzten sich; ein Knecht spannte ihnen den Wagen an, und sie fuhren zur Messe. Als sie zurückkamen, brachte die Magd den Samowar. Nun kam auch Michail Ssemjonytsch, und sie tranken alle Tee. Als Michail Ssemjonytsch seinen Tee getrunken und sich ein Pfeifchen angezündet hatte, ließ er den Schulzen rufen.

»Nun«, sagte er, »hast du die Bauern zum Pflügen geschickt?«

»Ich hab' sie hingeschickt, Michail Ssemjonytsch.«

»Sind alle hinausgefahren?«

»Alle sind hinausgefahren, ich hab' einem jeden seinen Platz angewiesen.«

»Und wenn du ihnen die Plätze auch angewiesen hast, bist du denn sicher, daß sie wirklich pflügen? Fahr hin, schau nach und sage ihnen, daß ich am Nachmittag selbst hinkomme. Jedes Paar Pflüge muß seine Deßjatine gepflügt haben, und die Arbeit soll ordentlich gemacht sein. Wenn ich ein ungepflügtes Stück finde, so werde ich nicht auf den Feiertag sehen.«

»Zu Befehl.«

Der Schulze war schon gegangen, aber Michail Ssemjonytsch rief ihn zurück. Er rief ihn zurück, um ihm etwas zu sagen, wußte aber nicht wie. Lange konnte er nicht mit der Sprache heraus. Endlich aber sagte er:

»Ja, noch eins: Horch einmal, was diese Räuber über mich sagen. Merke dir, wer auf mich schimpft und was er sagt, und melde es mir. Ich kenne diese Räuber gut; sie wollen nicht arbeiten, sie möchten nur schlafen und faulenzen. Fressen und feiern, das lieben sie und denken gar nicht daran, daß man das Feld pflügen muß, ehe es zu spät wird. Merke dir, was sie reden und wer was sagt, und melde es mir. Ich muß es wissen. Jetzt geh und paß gut auf, daß du mir nachher alles erzählst und nichts vor mir verheimlichst.«

Der Schulze ging hinaus, setzte sich auf sein Pferd und ritt zu den Bauern aufs Feld.

Die Verwaltersfrau hatte gehört, was der Verwalter dem Schulzen gesagt hatte. Sie kam zum Mann und fing an zu bitten. Die Verwaltersfrau war sanftmütig und hatte ein gutes Herz. Wo sie nur konnte, besänftigte sie ihren Mann und nahm sich der Bauern an. Also kam sie zum Mann und fing an zu bitten. Mischa, mein Freund, um des Festes Christi willen, sündige nicht, um Christi willen, laß heut die Bauern frei.«

Michail Ssemjonytsch nahm ihre Bitte nicht an und lachte nur über sie: »Hast wohl lange die Peitsche nicht gekostet, daß du so kühn geworden bist und dich um Dinge kümmerst, die dich nichts angehen?«

»Mischa, mein Freund, ich hatte heute einen Traum, der dir nichts Gutes verhieß. Hör auf mich. Laß die Bauern frei.«

»Du hast also doch so viel Fett angesetzt, daß du glaubst, du wirst die Peitsche nicht fühlen. Paß auf!«

Ssemjonytsch wurde böse, stieß die brennende Pfeife der Frau ins Gesicht, jagte sie fort und ließ sich das Mittagessen geben.

Michail Ssemjonytsch aß eine Sülze, Pirogen, Kohlsuppe mit Schweinefleisch, gebratenes Ferkel, Milchnudeln, trank dazu Kirschenschnaps und aß zum Schluß süßen Kuchen. Dann ließ er die Köchin kommen. Sie mußte ihm Lieder vorsingen, und er nahm die Gitarre und spielte dazu. So sitzt Michail Ssemjonytsch in bester Laune, das Essen stößt ihm auf, er klimpert auf den Saiten und vergnügt sich mit der Köchin. Da kommt der Schulze, verbeugt sich vor ihm und meldet, was er auf dem Felde gesehen.

»Nun, pflügen sie? Werden sie damit, was ich ihnen aufgegeben, fertig werden?«

»Schon mehr als die Hälfte haben sie fertig.«

»Sind keine ungepflügten Stellen dabei?«

»Ich habe keine gesehen. Sie pflügen gut, denn sie haben Furcht.«

»Ist die Erde locker?«

»Ganz weich ist die Erde. Wie Mohn fällt sie auseinander.«

Der Verwalter schwieg eine Weile. Dann fragte er:

»Nun, und was sagen sie über mich? Schimpfen sie sehr?«

Der Schulze wollte sich um die Antwort drücken, aber Michail Ssemjonytsch befahl ihm, die volle Wahrheit zu sagen.

»Sage mir alles; du sollst mir ja nicht deine, sondern ihre Worte wiedergeben. Wenn du mir die Wahrheit sagst, werde ich dich belohnen, und wenn du vor mir was verheimlichst, so werde ich dich, nimm es nicht übel, durchpeitschen lassen. He, Katjuscha, gib ihm ein Glas Schnaps, damit er sich Mut antrinkt.«

Die Köchin reichte dem Schulzen Schnaps. Der Schulze

wünschte dem Verwalter Gesundheit, trank aus, wischte sich den Mund und begann zu erzählen. – Es ist ja nicht meine Schuld – so denkt er sich –, daß die Leute ihn nicht loben; wenn er es durchaus haben will, werd' ich ihm die Wahrheit sagen. – Und der Schulze faßte Mut und begann zu erzählen:

»Sie murren, Michail Ssemjonytsch, sie murren.«

»Was sagen sie aber? Das will ich wissen.«

»Sie sagen immer das eine: Er glaubt nicht an Gott.«

Der Verwalter lachte auf.

»Wer hat das gesagt?«

»Alle sagen das. Sie sagen, er hätte sich dem Bösen verschrieben.«

Der Verwalter lachte wieder.

»Das ist gut. Erzähle mir aber, was sie im einzelnen reden. Was hat Wassjka gesagt?«

Der Schulze wollte seine Leute nicht verraten, aber mit Wassilij war er schon seit langem verfeindet.

»Wassilij«, sagte er, »schimpft am meisten.«

»Aber was sagt er, das erzähle mir.«

»Ich fürchte mich, es auszusprechen. Ein Tod ohne Beichte ist ihm sicher, das sagte er.«

»Der Kerl gefällt mir! Was säumt er noch, warum erschlägt er mich nicht? Seine Arme sind wohl zu kurz! Schön, Wassjka, ich werde mit dir schon abrechnen! Nun, und was sagt Tischka? Dieser Hund hat wohl auch was Schönes gesagt?«

»Alle sprechen schlecht.«

»Was sagen sie aber?«

»Es ist so häßlich, daß ich's nicht nachsprechen mag.«

»Und wenn's auch häßlich ist. Schäme dich nicht, sage mir alles.«

»Sie sagten noch: Der Bauch soll ihm zerspringen, die Gedärme sollen ihm herausfallen.«

Da freute sich Michail Ssemjonytsch und lachte laut auf.

»Wir wollen sehen, bei wem die Gedärme früher herausfallen. Wer hat das gesagt? Tischka?«

»Keiner hat was Gutes gesagt, alle schimpfen, alle drohen.«

»Nun, und Petruschka Michejew, was hat der gesagt? Der schimpfte wohl auch, der Schweinekerl?«

»Nein, Michail Ssemjonytsch, Pjotr schimpfte nicht.«

»Was sagte er denn?«

»Er ist der einzige von allen Bauern, der nichts gesagt hat. Ein wunderlicher Mann ist er! Staunen mußte ich über ihn, Michail Ssemjonytsch.«

»Warum denn?«

»Ja, was er angestellt hat! Alle Bauern wundern sich.«

»Was hat er denn angestellt?«

»Es ist gar zu seltsam. Ich reite also auf ihn zu. Er pflügt die schräge Deßjatine bei Türkins Hügel. Ich reite auf ihn zu und höre, wie jemand singt, so fein, so schön, und auf dem Pfluge zwischen den Deichseln leuchtet es.«

»Was du nicht sagst?«

»Es leuchtet wie ein Flämmchen. Ich komme noch näher heran und sehe, ein Fünfkopekenwachslicht ist am Querholz angeklebt und brennt, und der Wind bläst's nicht aus. Er selbst hat aber ein sauberes Hemd an, geht hinter dem Pfluge her, pflügt und singt Ostergesänge. Und er wendet den Pflug um und schüttelt das Eisen aus, und das Lichtchen erlischt nicht. Wie ich vor ihm stehe, schüttelt er den Pflug aus, legt die Querstange um, beginnt eine neue Furche, und das Lichtchen brennt und erlischt nicht.«

»Und was hat er gesagt?«

»Nichts hat er gesagt. Als er mich sah, sagte er nur: ›Christ ist erstanden!‹ und fing wieder zu singen an.«

»Nun, und was hast du mit ihm gesprochen?«

»Ich hab' mit ihm gar nicht gesprochen. Die anderen Bauern kamen heran und lachten über ihn: Michejitsch wird sich wohl sein Lebtag von der Sünde nicht losbeten, sagten sie, daß er in der Osterwoche gepflügt hat.«

»Und was sagte er darauf?«

»Er sagte nur: Friede auf Erden und den Menschen ein Wohlgefallen. Dann ergriff er wieder den Pflug, trieb das Pferd an und sang mit feiner Stimme. Das Lichtchen aber brannte immer und erlosch nicht.«

Der Verwalter hörte zu lachen auf, legte die Gitarre beiseite, ließ den Kopf hängen und wurde nachdenklich.

So saß er da. Dann jagte er die Köchin und den Schulzen fort, ging hinter den Vorhang, legte sich aufs Bett und begann zu seufzen. Sein Seufzen klang, wie wenn ein Heuwagen knarrte. Seine Frau kam zu ihm und versuchte mit ihm zu sprechen, er gab aber keine Antwort und sagte nur:

»Er hat mich besiegt. Nun hab' ich es.«

Die Frau versuchte ihn zu überreden:

»Reite doch ins Feld und laß die Bauern frei. Vielleicht ist es doch nicht so schlimm. Hast ja schon viel üblere Dinge angestellt und nichts gescheut. Warum hast du jetzt solche Angst?«

»Ich bin verloren«, sagte er, »er hat mich besiegt. Geh, solange du heil bist, denn das wirst du nicht verstehen.«

Und er blieb liegen.

Am Morgen stand er auf und begann es wie früher zu treiben. Aber das war nicht mehr der alte Michail Ssemjonytsch; sein Herz ahnte wohl Unheil. Trübsinnig wurde er, führte keine Sache zu Ende und saß immer zu Hause. Seine Herrschaft währte nicht lange. Um die Petrifasten kam der Herr gefahren. Er ließ den Verwalter rufen, und man meldete ihm, der Verwalter sei krank. Am nächsten Tag ließ er ihn wieder rufen, und der Verwalter war wieder krank. Schließlich kam der Herr dahinter, daß der Verwalter sich dem Trunke ergeben hatte, und setzte ihn ab. Nun lebte Michail Ssemjonytsch unter dem Gesinde ohne jede Arbeit. Er wurde noch trübsinniger, verlauste, vertrank alles, was er hatte, und sank so tief, daß er seiner Frau die Tücher stahl und in die Schenke trug. Selbst die Bauern hatten Mitleid mit ihm und kauften ihm ab und zu ein Schnäpschen zur Stärkung. Seit jenem Tage lebte er kein Jahr mehr. Am Trunk ging er schließlich ganz zugrunde.

Ihr habt gehört, daß da gesagt ist: Auge um Auge, Zahn um Zahn. Ich aber sage euch, daß ihr nicht widerstreben sollt dem Übel. (Matthäus 5,38.39)

Ann-Charlott Settgast

DAS LOGBUCH

Der Winter war vergangen, und die Frühlingsstürme brausten über die See, als mir Großvater eine seltsame Geschichte erzählte. Wir saßen in der kleinen Stube, Großvater in seinem behaglichen Ohrenstuhl am Fenster, Tante Minchen mit ihren leise klirrenden Stricknadeln ihm gegenüber. Und ich saß da und erzählte stolz, daß ich jetzt den Konfirmandenunterricht besuchte und im nächsten Jahr eingesegnet werden wollte ... Ja – so war das – und auf dem Fensterbrett stand eine kleine, blaue Vase mit leuchtenden, goldenen Himmelschlüsselchen.

»Tjä, mein Deern«, begann Großvater und klopfte bedächtig seine »Piep« aus, um sie neu zu stopfen, »denn will ich dir nun mal was von einem ganz seltsamen Palmsonntag erzählen. Das ist nun – wart mal – fünfunddreißig – siebenunddreißig – na, wohl so gut an vierzig Jahre ist das her –, ich war ja noch'n junger, statscher Kerl und fuhr noch gar nicht so lange als Käpten auf der ›Anna-Katharina‹! War'n feines Schiff, du! Und war überhaupt 'ne feine Reise! Ich fühlte mich bannig stolz und hatte den Kopf voller Rosinen. Tjä – an was nicht all dachte ich – man bloß nicht an unseren Herrgott da oben, den hatte ich ganz und gar vergessen, und das kleine, schwarze Büchlein, das mein Mudding mir einst mitgegeben hatte, ja – siehst du, das lag ganz, ganz unten irgendwo im ollen Seesack ... Und denn war ja nun Palmsonntag, und wir steamerten durch die Biskaya und machten gute Fahrt. Denk ich, jedenfalls – kommt aber alles ganz anders. Das war gegen Abend, und ich saß allein in meiner Kajüte. War auch schon bannig spät. Und ich hatte da noch 'ne Buddel Rum vor mir stehen, mit der hielt ich gute Freundschaft. Ich trinke meiner Buddel zu und schenk' mir'n neues Gläschen ein und bin ja nun guter Dinge. Aber da passiert was: Mit einem Male fliegt die Tür auf, und da ist'n mächtiger Sturm draußen. Ich – Ölzeug vom Haken gerissen und raus! Kinder! Kinder! Windstärke zwölf! Und rabenschwarze Nacht, denk bloß mal an. Haushoch gehen die Böen! Ich hör' meine Matrosen rufen und schreien und will auf die Kommandobrücke – aber ich komme nicht hin! Da steht doch plötzlich in all dem Sturm und Graus einer neben mir und sagt mit einer ganz ruhigen Stimme: ›Du, Käpten, laß man, du mußt jetzt abtreten!‹ – ›Was‹, brülle ich. – ›Ja‹, sagt die Stimme wieder, ›komm, deine Reise ist zu Ende, der Herrgott erwartet dich schon – bringe aber ja dein Logbuch mit, damit wir sehen können, wie die Fahrt deines Lebens gewesen ist!‹ Und da warf mich der Sturm auch schon in die Kajüte zurück, und da grinste mich die Rumbuddel auf dem Tische an, und ich konnte mein Logbuch nicht finden ... Und denn die Angst und der Schrecken ... Ich hatte doch überhaupt nicht mehr an unsern Herrgott gedacht, und nun sollte ich Rechenschaft ablegen über mein Leben! Ich hatte geglaubt, so'n junger, starker Kerl wie ich könnte überhaupt nicht abberufen werden ... Na, ich fand ja allen möglichen Plunder in meiner Kajüte, aber das Buch – das Buch konnte ich nicht finden! ›Komm‹, sagte die Stimme wieder, ›jetzt ist es zu spät, Käpten, nachtragen kannst du sowieso nichts mehr.‹ Und da merkte ich mit einem Male, daß ich herunterstürzte, ganz, ganz tief!

›Capitano!‹ ruft da einer, ›Capitano! Capitano!‹« –

»Und dann, Großvater?«

»Tjä – mein Deern – dann riß ich die Augen auf, und da saß ich wieder in meiner Kajüte vor der Rumbuddel, und vor mir stand unser kleiner Moses, der schwarze Schiffsjunge Sam, und der guckte mich mit seinen großen, dunklen Augen treuherzig an. Ich muß wohl'n ganz dämliches Gesicht gemacht haben, denn der Lütte griente so'n bißchen, na, und denn fragte er mich, ob er mir noch 'ne Buddel holen sollte. Aber ich schüttelte bloß den Kopf und strich dem Kleinen über das wollige Kraushaar. Da freute er sich, machte fix 'ne kleine Verbeugung und war wie'n Wiesel raus. Ich aber ging noch lange in meiner Kajüte hin und her und konnte nicht zur Ruhe kommen. Und dann fing ich an zu kramen und zu suchen, gerade so, wie ich das in meinem Traum getan hatte, tjä – und dann fand ich ja da ganz zuunterst in meinem ollen Seesack das Neue Testament, was mir mein Mudding einst mitgegeben hatte ... Siehst du, und da schlug ich das Palmsonntag-Evangelium auf, und da war's mir mit einem Male, als ob ich wieder in der alten Feldsteinkirche neben meinem

Mudding säße – wie früher, mein Deern, ganz wie früher – und ich sah unsern alten, weißhaarigen Pastor, der mich eingesegnet hat, und ich dachte auch daran, daß ich an jenem Tage unserem Herrgott die Treue gelobt und hernach mein Gelöbnis so bald gebrochen hatte. Und da hielt es mich nicht mehr in meiner verräucherten Kajüte, ich ging nach oben und stand eine ganze Weile still an der Reling. Es war eine ruhige, friedliche Nacht. Die Sterne waren so rein und schön – und die See, ja ... Und immerzu hab' ich an mein Logbuch denken müssen und daran, daß unser Herrgott von uns allen einmal Rechenschaft über unsere Lebensreise verlangt, und auch daran, daß unser Herr Christus, unser lieber Heiland, für uns gestorben ist, um uns von unseren Sünden zu erlösen ... Tjä, siehst du, mein Deern, das war eine seltsame Nacht. Hab' sie auch nie vergessen können und hab' hinfort Obacht gegeben, daß mein Logbuch jederzeit in Ordnung war. Und ich bin gut gefahren dabei, o ja! Der Herrgott hat mich in manchem Sturm und Wetter beschützt.«

Es war ganz still im Stübchen. Nur draußen brauste der Sturm um das kleine, weiße Haus. Durch meine junge Seele ging ein Ahnen, daß auch ich einmal im Sturme des Lebens stehen würde wie jeder Mensch auf dieser Erde; das ist nun einmal so, aber welchen Kurs wir auch steuern, laßt uns immer daran denken, daß unser Logbuch in Ordnung ist, denn niemand weiß um die Stunde, da er es vorlegen muß ...

Manfred Kyber

DER K. D. R.

Die Regenwürmer hatten einen Kongreß einberufen. Es war ein moderner Kongreß. Darum hieß er nicht der Kongreß der Regenwürmer, sondern der K. d. R.

Der K. d. R. tagte im Garten an einer recht staubigen Stelle. Es wurden nur Fragen der Bodenkultur erörtert. Weiter geht der Horizont der Regenwürmer nicht. Sie kriechen auf der Erde und essen Erde. Es sind arme bescheidene Leute, aber sie sind nützlich und notwendig. Die Erde würde ohne sie nicht gedeihen. Ihre Arbeit muß verrichtet werden.

Es war Abend. Die Dämmerung lag auf den Wegen, auf denen der K. d. R. zusammengekrochen war.

Ein langer, alter Regenwurm hatte den Vorsitz übernommen. Er besprach Fragen lokaler Natur, die Bodenverhältnisse des Gartens, in dem man arbeitete. Es waren erfreuliche Resultate.

»Wir sind schon recht tief in die Erde eingedrungen«, sagte der Präsident des K. d. R. »Wir haben viele Erdschichten an die Oberfläche befördert, von denen niemand vorher etwas wußte. Wir haben sie zerlegt und zerkleinert. Aber die Erde scheint noch tiefer zu sein, als wir dachten. Sie scheint noch mehr zu bergen, als wir heraufgeschafft haben. Wir müssen fleißig weiter überall herumkriechen und Erde essen. Es ist eine große Aufgabe. Damit schließe ich den K. d. R.«

Er ringelte sich verbindlich.

Der offizielle Teil des K. d. R. war erledigt.

Man bildete zwanglose Gruppen mit Nachbarn und

Freunden und sprach über die Praxis der Gliederbildung. Man wollte allerseits lang werden. Darin sah man den Fortschritt. Neue Methoden hierfür waren stets von Interesse.

»Die allerneueste Methode, lang zu werden«, sagte ein junger Regenwurm, »heißt ›Ringle dich mit dem Strohhalm‹. Das stärkt die Muskeln und zieht die Glieder auseinander. Sehen Sie – so!«

Er tastete nach einem Strohhalm und demonstrierte die neue Methode energisch und mit Überzeugung. Dabei stieß er an etwas an. Er fühlte, daß es rauh und haarig war.

»Nanu, was ist denn das? Das hat ja Haare und bewegt sich!«

Er ringelte sich ängstlich vom Strohhalm los.

»Verzeihen Sie, ich war so müde. Da hab ich mich auf den Strohhalm gesetzt«, sagte das Etwas mit Haaren.

»Wer sind Sie denn?« fragte der Regenwurm und kroch vorsichtig wieder näher.

»Ich bin Raupe von Beruf. Ich hätte mich gewiß nicht auf den Strohhalm gesetzt, aber ich bin so sehr müde. Ich habe einen so langen Weg hinter mir. Ich bin immer im Staub gekrochen. Nur selten fand ich etwas Grünes. Ich bin ein bißchen schwächlich, schon von Kind an. Es ist auch so angreifend, bei jedem Schritt den Rücken zu krümmen. Jetzt kann ich nicht mehr. Ich bin zu müde. Sterbensmüde.«

Die Raupe war ganz verstaubt und erschöpft. Ihre Beinstummel zitterten.

Der gesamte K. d. R. kroch teilnahmsvoll heran.

»Sie müssen sich stärken«, sagte ein Regenwurm freundlich. »Sie müssen etwas Erde zu sich nehmen.«

»Nein, danke«, sagte die Raupe, »ich bin zum Essen zu müde. Mir ist überhaupt so sonderbar. Ich will nicht mehr auf der Erde kriechen.«

»Aber ich bitte Sie«, sagte der Präsident des K. d. R. »Das

ist das Leben, daß man auf der Erde kriecht und Erde ißt. Wenn man das nicht mehr kann, stirbt man. Man soll aber leben und recht lang werden. Ich kann Ihnen verschiedene Methoden empfehlen. Es ist Makrobiotik.«

»Ich glaube, daß man nicht stirbt«, sagte die Raupe. »Wenn man zu müde ist und nicht mehr auf der Erde kriechen kann, verpuppt man sich, und nachher wird man ein bunter Falter. Man fliegt im Sonnenlicht und hört die Glokkenblumen läuten. Ich weiß nur nicht, wie man es macht. Ich bin auch viel zu müde, um darüber nachzudenken.«

Die Regenwürmer ringelten sich aufgeregt und ratlos durcheinander.

»Fliegen? – Sonnenlicht? – Was heißt das? – So was gibt's doch gar nicht! – Sie sind wohl krank?«

»Sie gebrauchen solche kuriosen Fremdworte«, sagte der Präsident des K. d. R. »Ihnen ist einfach nicht wohl!«

Die Raupe antwortete nicht mehr. Sie war zu müde. Sterbensmüde. Sie klammerte sich an den Strohhalm.

Dann wurde es dunkel um sie.

Aus ihr heraus aber spannen sich feine Fäden und spannen den verstaubten sterbensmüden Körper ein.

»Das ist ja eine schreckliche Krankheit«, sagten die Regenwürmer.

»Es ist ein Phänomen«, sagte der Präsident des K. d. R. »Wir wollen es beobachten.«

Einige Kapazitäten nickten zustimmend mit den Kopfringeln.

Es vergingen Wochen. Der Präsident des K. d. R. und die Kapazitäten krochen täglich an das Phänomen heran und betasteten es. Das Phänomen sah weiß aus. Es war ganz versponnen und lag regungslos am Boden.

Endlich, in der Frühe eines Morgens, regte sich das versponnene Ding. Ein kleiner bunter Falter kam heraus und sah mit erstaunten Augen um sich. Er hielt die Flügel gefaltet und verstand nicht, was er damit sollte. Denn er hatte vergessen, was er als Raupe geglaubt und gehofft hatte – und wie müde er gewesen war, sterbensmüde ...

Die Flügel aber wuchsen im Sonnenlicht. Sie wurden stark und farbenfroh.

Da breitete der Falter die Schwingen aus und flog weiter über die Erde ins Sonnenlicht hinein.

Die Glockenblumen läuteten.

Unten im Staube tagte der K. d. R.

Man hatte die leere Hülle gefunden, und alle Kapazitäten waren zusammengekrochen.

»Es ist nur ein Mantel«, sagte die erste Kapazität enttäuscht.

»Die Krankheit ist allein zurückgeblieben«, sagte die zweite Kapazität.

»Der Mantel ist eben die Krankheit«, sagte die dritte Kapazität.

Hoch über ihren blinden Köpfen gaukelte der Falter in der blauen sonnigen Luft.

»Nun ist es ganz tot«, sagten die Regenwürmer.

»Auferstehung«, sangen tausend Stimmen im Licht.

Walter Wangerin

DER LUMPENSAMMLER

Ich habe etwas Seltsames gesehen. Ich bin über eine sehr seltsame Geschichte gestolpert, über etwas, auf das mein Leben, meine Gewitztheit, meine verschlagene Zunge mich nicht vorbereitet hatten.

Still, Kind. Still jetzt, und ich werde es dir erzählen.

An einem Freitagmorgen, noch vor der Dämmerung, bemerkte ich einen gutaussehenden, starken jungen Mann, der durch die Straßen unserer Stadt ging. Er zog einen alten Karren voller bunter neuer Kleider und rief mit klarer heller Stimme: »Lumpen!« Ah, beim Klang dieser süßen Musik schmeckte die Luft faulig, und das erste Morgenlicht schimmerte trüb.

»Lumpen! Neue Lumpen für eure alten! Ich nehme eure zerschlissenen Lumpen! Lumpen!«

»Wie seltsam«, dachte ich, denn der Mann war einen Meter neunzig groß, und seine Arme waren wie Äste, hart und muskulös, und seine Augen leuchteten wach und klug. Konnte er keine bessere Arbeit finden, daß er als Lumpensammler durch die Innenstadt ziehen mußte?

Ich folgte ihm. Meine Neugier trieb mich an. Und ich wurde nicht enttäuscht.

Bald sah der Lumpensammler eine Frau auf ihrer Hintertreppe sitzen. Sie schluchzte in ihr Taschentuch, seufzte und vergoß tausend Tränen. Ihre Knie und Ellbogen bildeten ein trauriges X. Ihre Schultern zitterten. Ich sah, daß ihr das Herz brach.

Der Lumpensammler hielt seinen Karren an. Leise stieg er über Blechdosen, zerbrochene Spielzeuge und Windeln auf die Frau zu.

»Gib mir deinen Lumpen«, sagte er sanft, »und ich werde dir ein neues Tuch geben.«

Er zupfte ihr das Taschentuch von den Augen weg. Sie blickte auf, und er legte ihr ein leinenes Tuch auf die Hand, so rein und neu, daß es leuchtete. Sie blinzelte und sah von der Gabe zu dem Geber auf.

Dann, als er wieder seinen Karren zu ziehen begann, machte der Lumpensammler etwas Merkwürdiges: Er legte sich ihr verschmiertes Taschentuch vor sein Gesicht. Und dann begann er zu weinen und mit bebenden Schultern ebenso bekümmert zu schluchzen, wie sie es getan hatte. Sie jedoch blieb ohne eine Träne zurück.

»Das ist ein Wunder«, flüsterte ich bei mir selbst, und ich folgte dem schluchzenden Lumpensammler wie ein Kind, das sich von einem Geheimnis nicht mehr losreißen kann.

»Lumpen! Lumpen! Neue Lumpen für eure alten!«

Nach kurzer Zeit, als der Himmel grau zwischen den Dächern hindurchzuschimmern begann und ich die zerschlissenen Vorhänge vor den schwarzen Fenstern erkennen konnte, begegnete der Lumpensammler einem Mädchen mit leeren Augen, dessen Kopf in einen Verband gehüllt war. Der Verband war blutdurchtränkt. Blut rann über ihre Wange.

Der große Lumpensammler betrachtete das Kind voller Mitleid und holte eine hübsche gelbe Mütze von seinem Karren.

»Gib mir deinen Lumpen«, sagte er und streichelte ihre blutverschmierte Wange, »und ich werde dir meinen geben.«

Das Kind konnte ihn nur anstarren, während er den Verband löste, abnahm und sich um seinen Kopf band. Die Mütze setzte er auf ihren Kopf. Und ich sperrte den Mund auf, als ich es sah: Mit dem Verband war auch die Wunde verschwunden! Auf seiner Stirn quoll nun dunkles schweres Blut – sein eigenes!

»Lumpen! Lumpen! Ich sammle alte Lumpen!« rief der schluchzende, blutende, starke, so klug aussehende Lumpensammler.

Inzwischen stach die Sonne vom Himmel, blendete meine Augen. Der Lumpensammler schien es immer eiliger zu haben.

»Gehst du zur Arbeit?« fragte er einen Mann, der an einem Telefonmast lehnte. Der Mann schüttelte den Kopf.

»Hast du denn keine Arbeit?« hakte der Lumpensammler nach.

»Bist du verrückt?« gab der andere höhnisch zurück. Er stieß sich von dem Mast ab, so daß man seinen rechten Jakkenärmel sah – er war plattgedrückt, und die Manschette steckte in der Tasche. Er hatte keinen Arm.

»So«, sagte der Lumpensammler. »Gib mir deine Jacke, und ich gebe dir meine.«

Mit welcher Bestimmtheit er das sagte!

Der Einarmige zog seine Jacke aus. Das gleiche tat der Lumpensammler – und ich erschauerte bei dem Anblick: Der Arm des Lumpensammlers blieb in seinem Ärmel, und als der andere die Jacke anzog, hatte er zwei gute Arme, kräftig wie Äste; der Lumpensammler dagegen hatte nur noch einen.

»Geh zur Arbeit«, sagte er.

Danach fand er einen Betrunkenen, der bewußtlos unter einer dünnen Decke lag, einen alten Mann, gekrümmt, runzelig und krank. Er nahm die Decke und legte sie sich um die

Schultern, doch für den Betrunkenen ließ er neue Kleider zurück.

Und nun mußte ich rennen, um mit dem Lumpensammler Schritt halten zu können. Obwohl er hemmungslos weinte, seine Stirn in Strömen blutete und er seinen Karren mit einem Arm ziehen mußte, vor Trunkenheit stolpernd, immer wieder fallend, erschöpft, alt, alt und krank, lief er ungemein schnell. Er hastete durch die Gassen der Stadt, eine Meile und dann noch eine, bis er die Grenzen erreichte, und dann eilte er weiter.

Ich mußte darüber weinen, wie sehr dieser Mann sich verändert hatte. Seine Not schmerzte mich. Und doch mußte ich herausbekommen, wo er so eilig hinwollte – vielleicht um zu erfahren, was ihn so sehr antrieb.

Der kleine alte Lumpensammler – er kam zu einer Müllhalde. Er kam zu den Abfallgruben. Und dann wollte ich ihm bei dem helfen, was er tat. Aber ich blieb zurück und versteckte mich. Er stieg auf einen Hügel. Unter qualvollen Mühen räumte er eine kleine Fläche auf der Kuppe frei. Dann seufzte er und legte sich nieder. Seinen Kopf bettete er auf ein Taschentuch und eine Jacke. Seinen Körper bedeckte er mit der dünnen Decke. Und er starb.

Oh, wie ich weinte, als ich sein Sterben mit ansah! Ich ließ mich in eines der Schrottautos fallen und jammerte und klagte wie einer, der keine Hoffnung hat – denn in mir war eine tiefe Liebe zu dem Lumpensammler erwacht. Jedes andere Gesicht war mir angesichts des Wunders dieses Mannes verblaßt, und er war mir kostbar geworden. Doch nun war er tot. Ich schluchzte, bis ich in Schlaf fiel.

Ich wußte nicht – woher hätte ich es wissen sollen? –, daß ich die ganze Nacht und auch den Samstag und die nächste Nacht durchschlief.

Doch dann, am Sonntagmorgen, wurde ich durch ein lautes Getöse geweckt.

Licht – reines, hartes, forderndes Licht – prallte auf mein trauriges Gesicht, und ich blinzelte und blickte auf. Und ich sah das letzte und das erste Wunder von allen. Dort stand der Lumpensammler und faltete sorgfältig die Decke zusammen. Er hatte eine Narbe auf der Stirn, doch er lebte! Und er war gesund! Von Not oder Alter war ihm nichts anzumerken, und all die Lumpen, die er gesammelt hatte, leuchteten schneeweiß und rein.

Da senkte ich meinen Kopf, und erschauernd über all das, was ich gesehen hatte, ging ich auf den Lumpensammler zu. Voller Scham nannte ich ihm meinen Namen, denn neben ihm war ich nichts als eine erbärmliche Gestalt. Dann warf ich an Ort und Stelle alle meine Kleider ab und sagte voller Sehnsucht zu ihm: »Bekleide mich.«

Und er bekleidete mich. Mein Herr, er legte mir neue Kleider an, und ich bin ein Wunder neben ihm. Der Lumpensammler, der Lumpensammler, der Christus!

Franz Schrönghamer-Heimdal

AUFERSTEHUNG

Die Haus- und Dorfleute waren ins Kirchdorf gepilgert zur Auferstehungsfeier. Ich hatte daheimbleiben dürfen bei der lieben Mutter, um ihr Handdienste zu leisten beim Krapfenbacken und Eierfärben. Aber ich stand ihr mehr im Wege, als ich ihr nutzen konnte, und so war es ihr ganz recht, als ich über den Anger hinaus zur Waldwiese lief, wo mein alter Freund, der Großvater, schon auf mich zu warten schien.

Mein Herz schwang in Vorfreude über die österlichen Köstlichkeiten, die es morgen geben würde, über Krapfen und rote Eier, über Zwetschgenpavesen und gebratenen Brein, über Osterfladen und Butterstrauben. Dazu schien die Sonne so lind und warm, daß ich den Wiesenweg schon barfuß wagen konnte; die Quellen rieselten lichtblitzend über die Rinnsale, umsäumt von goldgelben Dotterblumen, und Vogellieder stoben schon unbestimmt aus der linden, lichten Bläue des Osterhimmels wie Offenbarung künftiger Herrlichkeit.

So mischten sich meinem Knabensinn, auf Weltlichkeit gestellt, auch schon Ahnungen höherer Seligkeiten, für die ich eine gewisse Empfänglichkeit hatte, aber ich wußte noch nicht zu unterscheiden, welcher Teil meines Wonnegefühls der Erdenlust und welcher der höheren Osterglorie zuzurechnen sei.

So stand ich dann hochatmend vom Lauf und seligtrunkenen Auges vor dem Großvater. Der lächelte und sprach: »So, Franzl, heut' kommst mir gerade recht. Jetzt wollen wir aufs

Bühl gehen und Auferstehung feiern, wie es sich für Christenmenschen gehört.«

Mir war es recht, und so lief ich gleich voraus, um uns ein sonnenwarmes Plätzchen zu rechter Rast auszusuchen. An der Stelle, wo wir sonst unsere weithin wabernden Sonnwendfeuer abbrannten, fand ich zwei ebene Steinblöcke, und ich rief dem alten Freunde gleich zu: »Hier können wir gut sitzen. Hier ist lauter Sonne und Stille!« Und so war es auch. Ein besseres Plätzchen für unsere Auferstehungsfeier konnte es gar nicht geben. Wir hatten weiteste Schau über das ganze Waldland hin: die Eibenbäume und Wacholderbüsche standen wie ernste Wächter um unser Heiligtum, und der Hochwald dahinter rauschte so feierlich wie eine ferne Kirchenorgel.

Indes der Großvater die Sitzsteine mit seinem Sacktuch von Staub und Aschenresten der früheren Sonnwendfeuer reinstäubte, hob im Kirchdorf schon das Geläute mit allen Glocken an. Da nahm der Alte das Käpplein von seinem greisen Haupte und hörte stehend mit gefalteten Händen den Glockenchor. Ich war ohnedies barhaupt von zu Hause fortgelaufen und brauchte deshalb nur die Hände aufzuheben zu einem stillen Beten und Horchen. Denn was wir da auf unserer Höhe hörten, war schon wie ein Wunder. Aus allen Kirchdörfern im ganzen Waldlande her schwammen und schwangen unzählige Glockentöne über unsere Häupter hin, und obschon die einzelnen Töne nicht zusammenstimmen mochten, so war das Ganze doch wie eine brausende, schwebende, singende Flut himmlischer Harmonien, die mein Knabenherz beseligten. Denn solches hatte ich noch nicht gehört, und ich war, ohne es auszusprechen, dem Großvater recht innig dankbar für den herrlichen Herzensgenuß. Als der letzte Glockenton längst verklungen war, schwang die ganze Harmonie noch lange in unseren Herzen nach, und ich glaube, sie würde heute noch darin schwingen, trotz der vierzig Jahre, die seitdem dahingegangen sind, wenn wir unsere Ohren nicht wieder anderen Dingen zugewendet hätten, wie's eben das Leben heischt.

Gleichwohl saßen wir auch so noch lange in schweigender Ergriffenheit und ließen uns auch von den Kirchgängern nicht ablenken, die wir da und dort auf Steigen und Pfaden ihren Heimstätten zustreben sahen. Das liebe Greisenantlitz meines großväterlichen Freundes war still und leuchtend, wie verklärt von einer inneren, verzückten Schau. Und aus dieser Schau heraus tat er an mich die Frage:

»Büblein, jetzt sag mir: Wo ist Gott?«

Ich aber schnurrte die Antwort herunter, wie ich sie längst auswendig wußte: »Gott ist allgegenwärtig, das heißt an allen Orten und Enden, wie im Himmel, also auch auf Erden.«

»Brav! Und ist Gott auch hier auf dem Bühl?«

Ich stutzte erst, dann sagte ich laut und stramm:

»Ja, weil er doch allgegenwärtig ist.«

»Ganz recht! Und ist Gott auch in dir?«

Da schwieg ich betroffen. Denn diese Frage wußte ich noch nicht »auswendig«, weil wir sie in der Schule noch nicht »gehabt hatten«.

Der Alte aber lehrte lächelnd weiter: »Diese Frage solltest du nicht auswendig, sondern inwendig wissen. Denn wenn Gott nicht in dir wäre, müßte es ein anderer sein, den ich nicht näher nennen will, du weißt schon, wen ich meine!«

Da wurde ich sehr erschüttert und sprach: »Ja, Gott soll in mir sein und sonst niemand. Gott – nur Gott.«

»Wenn das dein fester Wille ist, Büblein, dann hast du Gott, und Gott hat dich allzeit. Dann bist du mit Christus auferstanden zum ewigen Leben hier schon auf Erden wie dereinst im Himmel. Denn Tod und Sterben setzen keinen

Unterschied. Wenn Gott nicht hier auf Erden schon in dir ist, dann wird er es drüben auch nicht sein. Das ist das Einzige und Wichtige, was der Mensch wissen muß, Gott in mir und dir, Gott in allen, die Menschenantlitz tragen. Jeder Mensch ein Kind Gottes. Denk daran, Büblein, all dein Lebtag, was ich dir heute gesagt habe.«

Seltsam ergriffen stieg ich vom Bühl nieder. Ich ahnte die Erhabenheit der Worte meines alten Freundes mehr, als ich sie verstand. Aber das Leben hat sie mir bewahrheitet in guten und bösen Tagen, auf geraden Wegen wie auf Irrpfaden. Und wenn die Auferstehungsglocken durchs Land hallen, versetze ich mich zurück auf die Steinplatte am Bühl und habe alles wieder: Sonne, Stille, Gott.

Ernest Claes

DIE FREIKARTE

Das erste Theaterstück, das ich sah, war »Das bittere Leiden unseres Herrn Jesus Christus in fünfzehn Bildern«. So war es auf den grünen Zetteln angekündigt, die Mark Boon an einem Dienstagnachmittag in jedem Haus abgab. Darauf standen auch die Preise der Plätze: Erster Rang – fünfzehn Batzen; zweiter Rang – zehn Batzen; dritter Rang – fünf Batzen. Diese »große Vorstellung« sollte in Fille Muêsens Saal beim Bahnhof von Sichem stattfinden ...

Vor Jahren hatte eine Gesellschaft reisender Schauspieler

ihre Zelte auf dem Markt von Sichem aufgeschlagen und das erhebendste aller Trauerspiele dort aufgeführt. Es seien Holländer gewesen, hörte man sagen. Wer dieses Spiel gesehen hatte, sprach noch damals davon als vom Schönsten und Eigenartigsten, das er je erlebt hatte, und ich hatte immer andächtig zugehört, wenn davon erzählt wurde. Die biblischen Geschichten hatten für mich von Kind auf einen großen Reiz. In einer Ecke des Kleiderkastens bewahrte mein Bruder ein paar Bücher aus seiner Schulzeit auf, hinter die niemand gehen durfte. Wenn ich allein war, stöberte ich darin herum und entdeckte eine Bibel, die viel ausführlicher war als unsere Schulbibel. Die Geschichten von Tobias, Job, Joseph und seinen Brüdern, von David und Goliath, von Judas Makkabäus waren des langen und breiten darin erzählt. Es waren Geschichten aus jener Dämmerung, welche das reine Licht von Bethlehem später mit goldenem Glanz erleuchtete, jenes Licht, das die Güte und Schönheit selbst war. Der Schluß des Buches, das lange, schmerzliche Leiden Jesu, war wie ein zweiter Untergang des irdischen Paradieses, wie das Ende von allem, was die Menschen glücklich machen konnte. Meine fast krankhafte Einbildungskraft schrak davor zurück.

Als ich nun so unerwartet zu Hause Mark Boons grünen Zettel mit der Ankündigung von Christi Leiden auf dem Kaminsims liegen sah, klopfte mein Herz vor Verlangen, das wunderbare Spiel zu sehen. Ich mußte in diesem Herbst wieder in die Schule gehen, sobald die Kühe nicht mehr auf die Weide getrieben wurden. An einem Mittwochnachmittag sah ich beim Bahnhof vor Fille Muêsens Haus drei große Wagen stehen. Nun hätten mich keine zehn Pferde mehr in die Schule gebracht. Drei Tage lang trieb ich mich in der Nähe der Wagen herum und beobachtete, was dort geschah. Die Männer, die da ein und aus gingen, waren für mich

Wesen aus einer höheren Welt. Alles, was sie taten, ihre Gebärden, ihre Worte, ihre Art zu gehen, versetzte mich in einen Zustand gespannter Erwartung. Mir war, als werde etwas Wunderbares geschehen, wodurch in unserem Dorf und in der Welt das Unterste zuoberst gekehrt werde. Denn ich konnte nicht glauben, sie seien Menschen wie andere. Mir schien, sie verbärgen ihre wahre Persönlichkeit in den gewöhnlichen Kleidern, und ich trachtete zu erraten, was sie eigentlich waren. Eines stand fest für mich: ein bejahrter Mann, mit breitem, eckigem Gesicht, schwarzem Schnurrbart und halb geschlossenem linken Auge, der den Kopf schief hielt, war Judas. Er schien überdies der Herr der anderen zu sein. Ich sah ihn ängstlich an. Jedesmal, wenn er einen Schritt in meine Richtung tat, zog ich mich zurück, und seine breiten Schuhe bestärkten mich in der Meinung, er habe sechs Zehen an jedem Fuß, wie das in einem Buch: »Judas, der Erzverräter!« von Judas stand. Am Freitagnachmittag sah ich meinen Schulkameraden Nest Schuyten, der neben dem Stationsgebäude wohnte, bei den Schauspielern ein und aus gehen, als wäre er da zu Hause. Als ich den Kopf zur Tür des Schauspielhauses hineinstecken wollte, stand er mit hochfahrender, spöttischer Miene vor mir und sagte:

»Nein, du darfst hier nicht herein.«

»Und du?«

»Ich muß mitspielen.«

Ich schaute ihn entgeistert an, und Neid begann an meinem Herzen zu fressen. Ich erfuhr, noch andere Leute von Sichem durften im »Leiden Christi« mitmachen und bekamen einen halben Franken für den Abend. Nest Schuyten wußte über alles Bescheid, er nannte sogar die fremden Männer bei ihren Vornamen. Den Judas nannte er Herrn Oskar, und da dieser auf eigenartige Weise durch die Zähne sprach, tat Nest das nun auch. Ich machte es nach.

Am Abend jenes Freitags saßen wir alle daheim am Herdfeuer. Es war naßkaltes Herbstwetter. Draußen regnete es, und wir hörten die Tropfen an die Fenster klatschen. Die Wiesen hinter unserem Haus lagen unter Wasser. Der Dampf stieg aus unseren feuchten Hosenbeinen, weil wir nahe am Feuer saßen. Wir sprachen von dem »Leiden Christi«. Ich hörte, meine Brüder und Schwestern wollten hingehen.

»Ich gehe auch!«

»Dazu bist du noch viel zu klein.«

Zum hundertsten Male äußerte ich meinen größten Wunsch, und zum hundertsten Male bekam ich dieselbe Antwort. Ich wußte sehr gut, daß es nur eine Geldfrage war.

»In meiner Sparbüchse sind noch mindestens dreißig Batzen.«

»Willst du jetzt schweigen, du Rotznase!«

Unglücklich blickte ich ins Herdfeuer, ich war dem Weinen nahe. Ich wollte und ich würde ... Da öffnete sich die Türe. Jan Noot aus Sichem und ein fremder junger Mann mit einem kleinen Bärtchen kamen herein. Ich hatte den Fremden schon gesehen.

»Trees«, sagte Jan zur Mutter, »wißt Ihr, wen ich da bringe?«

»Nein, Jan, ich kenne diesen Mann nicht.«

»Na, dann kniet nur mal hin, das ist unser lieber Herr, das ist Christus!« rief Jan triumphierend.

Mutter saß da wie vor den Kopf geschlagen, sie wußte nicht, was sagen. Die anderen schauten nicht minder erstaunt auf das lange, weiße Gesicht des Fremden, der uns mit dummen Augen anblickte. Sie wußten natürlich sofort, daß er zu der Schauspielertruppe gehörte, aber trotzdem ... Es war keine Kleinigkeit, so jemanden bei sich im Hause zu haben.

Die beiden Besucher setzten sich zu uns an den Herd. Der Fremde trug hohe, schwarze Stiefel mit Kupferschnallen. Ich hatte ihn sofort erkannt, denn ich hatte ihn am Vormittag aus einem der Wagen kommen sehen. Von der Herdecke aus, in der ich auf einem Holzblock saß, starrte ich den Mann an, wie ich wohl noch nie einen Menschen angestarrt hatte. Das Herz schlug mir bis zum Hals herauf in freudiger Erwartung von etwas, das ich mir nicht denken konnte, das aber nun geschehen mußte. Der Schauspieler sprach kein Wort, und auch wir schwiegen. Er hielt die Hand zwischen den Knien und blickte in die Herdflammen. Dann nahm er seine Mütze vom Kopf und schüttelte den Regen davon ab. Jan Noot redete für zwei, er konnte uns alles von der Vorstellung erzählen, die am Sonntag stattfinden sollte. So etwas hatte man in Sichem seiner Lebtag noch nie gesehen. Er nannte die Schauspieler bei ihren Vornamen und sprach von ihnen, als kenne er sie seit Jahren. Hie und da wandte er sich an den Schauspieler und sagte: »Nicht wahr, Hektor?« Wenn ich einen diesen Namen aussprechen hörte, war mir jedesmal, als bekäme ich eine Ohrfeige. Der Fremde nickte dann allemal ohne aufzusehen. Jan hatte ein Plakat für die Schauspieler malen dürfen. »Und ich habe keinen Batzen dafür verlangt, Trees, versteht Ihr, es sind auch arme Leute.« Aber er durfte nun umsonst im Saal und in den Wagen ein und aus gehen. Jef Mots war der gute, Gust van Seggelen der böse Schächer. Beide spielten auch jedes Jahr in dem Theaterstück mit, das die Blechmusik aufführte. Auf einmal erhob sich Mutter und gab dem Fremden eine Tasse Kaffee und ein Schinkenbrot. Jan Noot bekam nichts, der war nur ein gewöhnlicher Mensch aus unserem Dorf. Ich merkte an Jans Gesicht, wie ihn das ärgerte. Der Mann aß schweigend sein Brot, und ich sah seine großen, weißen Zähne an dem Schinken ziehen. Jeden Bissen und jeden Schluck, den er nahm, verfolgte ich mit andächtigem Blick. Ich schluckte mehr als er. Und er muß das gefühlt haben, denn als er sein Brot hinunter hatte, sah er mich auf einmal freundlich lächelnd an, griff mit der Hand in die Tasche und gab mir ein grünes Kärtchen . . .

Erster Rang
Fünfzehn Batzen

Eine Freikarte! . . .

Ich glaube, ich habe das Bild des gekreuzigten Heilands nie mit so viel Dankbarkeit angeschaut wie den Darsteller Christi hier auf Erden in Sichem. Ich war nur glücklich. Sobald der Besuch fort war, mußte ich meine Karte den anderen zeigen, aber ich ließ sie nicht aus den Händen, aus Angst, man nehme sie mir weg. Sie war schmutzig, man sah ihr an, sie war schon an vielen Orten durch viele Hände gegangen. Aber für mich war sie eine unermeßliche Kostbarkeit, die mir Christus selbst gegeben hatte. Mit den Worten: »Erster Rang – Fünfzehn Batzen . . .« vor Augen schlief ich ein . . . Als wir am Samstagnachmittag aus der Schule kamen, fuhr ein offener Wagen durchs Dorf, auf dem hinter dem Kutscher vier Musikanten mit funkelnden Blasinstrumenten saßen. Sie hatten lose Samtmäntel an und fremdartige spitze Hüte auf. Sie spielten eine kurze, klingende Weise, und während dann einer von ihnen Programme unter den Leuten verteilte, die herbeikamen, rief der andere mit mächtiger Stimme: »Morgen abend große Vorstellung des Leidens unseres Herrn Jesus Christus, im Saal von Theophil Muês, beim Bahnhof, sagt es weiter!« Darauf spielten sie sofort ein anderes Stück. Der junge Mann vom vorhergehenden Abend ließ sich auf dem Piston hören, während Judas sich auf einer Tuba fast die Seele aus dem Leibe blies. Er machte mehr Lärm als die anderen drei zusammen, und seine Töne hallten von den Hausmauern zurück. Wir liefen hinter dem Wagen her, bis er bei Fille Muêsens Saal hielt. Den ganzen Abend schrien wir zu Hause oder auf der Straße: »Morgen abend, große Vorstellung . . ., sagt es weiter.«

Noch heute erinnere ich mich an jede Einzelheit der Vorstellung des »Bitteren Leidens unseres Herrn Jesus Christus in fünfzehn Bildern«. Keine Erzählung, kein Buch oder Theaterstück hat mir in meinen Kinderjahren einen so tiefen Eindruck gemacht wie diese primitive, unbeholfene Aufführung, die eine Truppe armer Schlucker gab. Die Komödianten, die in Flandern von Dorf zu Dorf zogen, überzeugten die Zuschauer, weil sie glaubten, was sie spielten. Ich saß auf einem Stuhl in der zweiten Reihe, hinter mir war der zweite Rang, ein paar Bänke aus Fille Muêsens Wirtschaft; die Zuschauer weiter hinten, im dritten Rang, mußten stehen. Noch sehe ich im Geiste alles vor mir: die Fenster, deren untere Scheiben mit Kalk überstrichen waren, die große Lampe, die sich über meinem Kopf sachte an ihrem Eisendraht hin und her bewegte, wodurch die Schatten der Köpfe in der ersten Reihe sich langsam von links nach rechts bewegten. Das sah komisch aus. Vor mir saß Peter Maes, neben mir auf der einen Seite Fons van Nijen, auf der anderen Lowie van den Groote Molen, beide schwatzten über meinen Kopf hin miteinander. Am Eingang stand Dries Wache. Vor mir die Bühne, die ein roter Vorhang geheimnisvoll verhüllte. Vor der Tür das Drängen und Stoßen der vielen Leute, die nicht herein konnten. Als ich mich umdrehte, erblickte ich meinen Bruder Frans, der mich gerade neidisch ansah, weil ich vor ihm auf einem Stuhl saß. Bei meinem zweiten Blick merkte ich, daß er und Stinus Boets sich heimlich vom dritten in den zweiten Rang gedrängt hatten. Ich errötete deswegen. Wir saßen noch keine zehn Minuten da, als der Tabakrauch schon in dichten Schwaden durch den Saal zog.

Auf einmal klingelte ein Glöckchen, und ich erschrak, als der Vorhang sich plötzlich öffnete ...

Da saßen die Juden des Sanhedrins in losen, schwarzen Mänteln mit komischen Mützen auf den Köpfen. Und Gesichter hatten die! ... fast schwarz, mit langen Bärten und großen, krummen Nasen. Einer von ihnen glich dem Vitalis. Sie bewegten sich anders als gewöhnliche Menschen. Was sie miteinander verhandelten, die Halunken, das konnte ich nicht verstehen, aber ich erriet es ... Da kam Judas, der Verräter. Es war Herr Oskar mit dem schiefen Hals. Sie fragten ihn sofort, ob er ihnen Jesus überliefern wolle. »Ja«, brummte er, und seine Stimme klang heiser wie der Schrei einer Nachteule, »aber das kostet Geld«. – »Dreißig Silberlinge geben wir.« – Einer der abscheulichen Juden zählte das Geld aus einem großen Geldbeutel auf den Tisch. Ich hörte es klingen. Judas schob den Geldbeutel unter den Mantel und ging mit schiefem Gesicht fort, dabei murmelte er: »Heute abend dann, im Garten Gethsemane.« Der Vorhang fiel.

Atemlose Stille herrschte im Saal. Niemand dachte daran zu klatschen. Dries öffnete die Tür halb, um den Tabakqualm hinausziehen zu lassen. Dann sagte Peer Maes zu Lowie van den Groote Molen:

»Ich hätte mehr verlangt.«

Ich verstand solchen Spaß nicht. Mir schien, dieser schmierige Judas bekomme viel zuviel Geld. Ein Silberling war natürlich ein Fünffrankenstück.

Zweites Bild: Der Garten Gethsemane ... Jesus, im langen, weißen Gewand ... Es war Herr Hektor, der mir die Freikarte gegeben hatte ... nein, es war Jesus selber ... Judas mit den Juden ... »Ich bin es!« ... Petrus zieht seinen Säbel ... Zu Petrus, schlag zu, ... Petrus verleugnet Jesus etwas schnell ...! Da krähte der Hahn ... Die Geißelung, die Dornenkrönung ...

Auf einmal sehe ich etwas, das mich erschreckt. Nest Schuyten steht unter den Juden. Er hatte eine rote Jacke mit weißem Kragen an und seine Erstkommunikantenschuhe ... Er spuckt gegen Jesus hin ... Der soll's mir büßen morgen! Auf einmal guckt er nach mir hin. Ich strecke ihm Zunge heraus ... Ein Bild folgt dem anderen, immer erschütternd, bald kürzer, bald länger, jedesmal öffnet und schließt sich der Vorhang. Hinter mir höre ich jemand seufzen und die Nase putzen. Vor mir sitzt Rose van Belders mit ihrem Rosenkranz in der Hand. Die ganze Zeit murmelt sie: »Sieh mal an, sieh mal an ... Oje, oje ... Ach Gott, ach Gott! ...« Nach jedem Bild öffnet Dries, der Türhüter, die Türe. Aber viele Männer haben ihre Pfeife weggelegt. Wir hören Stimmen von draußen, und das versetzt uns unsanft für einen Augenblick in die Sichemer Wirklichkeit. Der Siebenuhrzug fährt vorbei, und die Wände des Saales zittern. Während des Spiels herrscht atemlose Stille, auch in den Pausen spricht zuletzt kein Mensch mehr, man hörte höchstens, wie jemand hustet, den Fuß bewegt, sich die Nase schneuzt. Wir stehen alle im Bann des göttlichen Dramas. Peer Maes, Lowie van den Groote Molen, Fons van Nijn schauen vor sich hin und sagen kein Wort mehr ...

Nach dem sechsten oder siebenten Bild geht der Vorhang sofort wieder auf. Einer der Juden steht allein da und sagt, es werde nun beim verehrten Publikum gesammelt für die Frau eines der Künstler, die in der vergangenen Nacht ein Kind bekommen habe ... »Einen kräftigen Sohn, einen zukünftigen Künstler.« Wir fallen aus allen Wolken. Es ist, als hätte der Herr Pfarrer von der Kanzel gesagt: »Männer, kommt nach der Messe zu einem Glas Schnaps in die Sakristei.« Eine Frau, die wie im Spiel gekleidet war, ging mit einer Schale die Reihen entlang. Jeder gab etwas. Die Frau sagte freundlich: »Danke schön, mein Herr.« Ich besaß meinen Sonntagsbatzen noch und legte ihn in die Schale. Ich gab ihn gern, und die Frau sagte zu mir: »Mein Herr!« Ich drehte mich schnell nach Frans um, ob er es wohl gehört habe. Von nahem war die Frau lange nicht so schön wie auf der Bühne. Je mehr das Spiel sich dem Ende näherte, je unaufhaltsamer die blutige Lösung des dramatischen Knotens herannahte, desto stärker wurde die Spannung. Es war fast nicht mehr zum Aushalten. Alle Zuschauer hatten nun rote Gesichter, viele nasse Augen, die sie vor den anderen zu verbergen suchten. Ich selbst sah die Schauspieler jetzt oft nur halb, wie durch einen Schleier, dann schien mir, um die rote Lampe über der Bühne hänge ein glänzender Dunst voll glitzernder Funken. Es war gerade, als geschehe alles jetzt. Rose van Belders murmelte immer weiter in sich hinein: »Aber, aber! . . . Sieh doch, sieh doch! . . . Oje, ojemine!« Aber niemand schien es zu hören.

Zum Schluß, als das letzte Bild, die Kreuzigung, kommen sollte, war die Ergriffenheit so groß, daß die Kehlen vor Angst zugeschnürt waren. Wir fühlten, etwas Entsetzliches stand bevor. Uns war, als sollten wir wirklich und wahrhaftig mit unseren eigenen Augen die Kreuzigung mit ansehen. Bisher war das Vergangene geschehen auf dem fernen Kalvarienberg, hinter toten Worten und den Bildern unserer biblischen Geschichten verborgen gewesen, wie der rote Mond über dem nächtlichen Nebel. Jetzt sollte es lebendiges, gegenwärtiges Ereignis werden. Wir vergaßen vollständig, daß wir in Fille Muêsens Saal saßen, in dem getanzt wurde, wenn Kirchweih war, daß alles nur Theater war, daß Dries den Eingang bewachte und alle Zuschauer Sichemer waren. Die alten Bücher wurden geöffnet und ihre Geheimnisse gelesen. Das rote Licht der Lampe gab einen matten Schein, einen Traumglanz, in dem unsere Seelen badeten. In unserer Verzückung wußten wir nicht mehr, daß Judas nur Herr Oskar war und Jesus Herr Hektor hieß, sie waren Judas und Jesus.

Wir waren so vollständig im Bann des Spiels, daß wir wirklich die Passion unseres Herrn und alles, was rings um sein Kreuz geschah, miterlebten. Hätte jemand gewagt, ein lautes Wort zu sagen, so hätte das wie Gotteslästerung geklungen. Selbst Rose van Belders war jetzt still. Dries, der Türhüter, öffnete leise die Tür, denn wir schwitzten wie in einem Ofen. Einmal drehte ich mich um und sah ein paar weiße Gesichter. Nichts wurde jetzt mehr gerufen von den Draußenstehenden, und niemand verließ den Saal während der langen Pause. Sogar wenn wir seufzten, hielten wir den Atem an.

Auf einmal hörten wir Hammerschläge hinter dem Vorhang. Jeder Schlag traf uns mitten ins Herz. Mit aufgerissenen Augen und beklommener Brust blickten wir starr auf den Vorhang. Nun nagelten sie dort hinten Christus mit Händen und Füßen ans Kreuz ...

Furchtbar langsam öffnete sich der Vorhang.

Drei Kreuze ... Jesus stand mit den Füßen auf einem Block, der vor das Kreuz gestellt war, sein Leib war mit einem Riemen am Stamm des Kreuzes, seine Arme an den Querbalken festgebunden. Die Nägel staken zwischen seinen Fingern, nicht in seinen Handflächen. Brust, Arme, Hände, Seite und Füße waren erschreckend rot vom herabfließenden Blut. Auf seinem gesenkten Haupte lag die Dornenkrone ... Rechts hing der gute Schächer, Jef Mots, links der böse Schächer, Gust van Seggelen, beide waren wie Christus an ihren Kreuzen befestigt.

Die Bühne war nicht sehr hoch, darum konnten nur die Zuschauer in den ersten zwei Reihen die Gesichter der Gekreuzigten sehen. Die weiter hinten Sitzenden mußten dazu den Kopf senken oder schief halten, einige knieten auf dem Boden. Die Gesichter der römischen Soldaten und der Truppen, die auf der Bühne hin und her gingen, waren fast auf gleicher Höhe mit den Häuptern der Gekreuzigten, und wir merkten, daß da etwas nicht stimmte. Sie gebärdeten sich wild, ballten die Fäuste gegen Jesus und lachten wiehernd dabei. »Vater, vergib ihnen, denn sie wissen nicht, was sie tun ...« Wie ein Messer schnitt uns das ins Herz. Wir waren nur noch Aug und Ohr. Klang und Bedeutung der Worte, die wir hörten, tönte unser Innerstes wach. Was ungewohnt war an der Vorstellung, was nicht mit dem übereinstimmte, was wir aus Bildern und Texten wußten, bemerkten wir nicht, und alles war echt. Jedes Wort Christi, jede Gebärde der Juden schmerzten uns. Als Jesus das Haupt nach rechts wandte und zu Jef Mots, dem guten Schächer, sagte: »Wahrlich, wahrlich, ich sage dir, noch heute wirst du mit mir im Paradiese sein«, liefen Jef die Tränen über die behaarten Wangen, und er antwortete mit erstickter Stimme: »Danke, Herr Hektor.« Niemand hätte auch nur einen Augenblick daran gedacht zu lachen. Jef Mots meinte wirklich, was er sagte, sonst hätte er es nicht einfach beigefügt. Bei den folgenden Aufführungen durfte er das aber nicht mehr tun. Ich glaube, die Menschen, die im Saal saßen und weinten, wurden zum Teil durch Jef Mots schiefes und verweintes Gesicht zu Tränen gerührt. Hätte man Jef Mots echte Nägel durch die Hände geschlagen, er hätte nicht unglücklicher aussehen können.

Auf einmal fiel mein Blick auf Gust van Seggelen, den bösen Schächer, und ich bemerkte etwas, das ich, wie ich bestimmt wußte, nicht in der Bibel gelesen hatte. Gust hatte eine Prise Tabak im Munde. Ich sah, wie er sie mit der Zunge von einer Backentasche in die andere schob. Und während alle Blicke auf Jesus und Jef Mots gerichtet waren, kehrte Gust den Kopf zur Seite und spuckte zwischen die Schergen. Dann machte er mit einer schnellen Bewegung die Hand vom Kreuz los und wischte sich den Mund. Ich war wahrscheinlich der einzige, der dies sah und auch bemerkte, daß er auf Nest Schuytens Kopf spuckte, was mich freute.

»Vater, in deine Hände befehle ich meinen Geist!« ...

Langsam schloß sich der Vorhang. Aber wir blieben wie verzaubert in tiefster Stille sitzen. Das Licht in unserer Seele überstrahlte alles. Wir waren uns nicht bewußt, wo wir waren. Unser Gemüt war erfüllt von dem Erlebten.

Wieder öffnete sich der Vorhang, und Herr Oskar sagte: »Morgen abend um sieben Uhr zweite Vorstellung des Leidens Christi, sagt es weiter.«

Beim Hinausgehen bekreuzigten wir uns.

Wir alle hatten den Kopf voll von Bildern und Worten, vom Gehörten und Gesehenen, als wir durch den Abend heimwärts gingen. Bei einer der Ulmen an der Fahrstraße, der letzten vor der Dulpbrücke, kniete ich im nassen Gras nieder und weinte meinen aufgestauten Schmerz um Jesu Leiden aus.

Nest Schuyten bekam am andern Tag zu spüren, wie tief der Eindruck war, den »Das bittere Leiden unseres Herrn Christus in fünfzehn Bildern« auf mich gemacht hatte.

Hätte ich nicht sicher gewußt, Mutter würde es kurzerhand verbieten, so hätte ich mich am Tag nach der Vorstellung bei Herrn Oskar als Schauspieler gemeldet. Was konnte es Schöneres geben, als in einem Wohnwagen von Dorf zu Dorf zu ziehen, die ganze Welt zu sehen, Tag und Nacht bei interessanten Menschen zu sein, bei Herrn Oskar, Herrn Hektor und ... der schönen, jungen, blondhaarigen Dame, die sich immer allerlei in dem großen Wohnwagen zu schaffen machte? Herrlich mußte es sein, im Leiden Christi mitzuspielen, erst nur wie Nest Schuyten in einem roten Mantel bei den anderen stehen, später vielleicht selber die Rolle des Herrn spielen dürfen ... »Vater, vergib ihnen ...«

Aber ich lernte damals gerade den Schuhmacherberuf.

O. Berneder

DER PALMENSTREIT ZU GRESSENBACH

Es bestand in Gressenbach wie anderwärts der Brauch, am Palmsonntag ein Gebinde junges Grün zur Segnung ins Gotteshaus zu tragen. Die von Gressenbach aber machten sich einen Stolz daraus, das Weihgrün so dick und mächtig aufzutragen, daß es mehr dem Stamme als dem Zweig der Palme ähnlich wurde. Und wie hoch ein Bauer sich mit Akker und Viehstand eben schätzte, konnte ein Erfahrener von der Höhe des Palmgebindes absehen. Gar auf einer sonderlichen Höhe wandelte dabei unbestritten der Hansheinrichbauer. Mit dem Palmwedel, den der Großknecht alljährlich zur Kirche schleppte, konnten sie dem Heiliggreteldrachen im zweiten Stockwerk ohne Schwierigkeiten die Nase putzen.

Mit Entsetzen sah der neue Pfarrer an seinem ersten Palmsonntag in Gressenbach, daß die Eitelkeit zederhoch in seiner Kirche stand. Da er aber den Axthieb gegen all die Bäume erst noch scheute, suchte er mit Überredung, und allmählich auch mit lindem Spott, dagegen aufzutreten. Doch sie rückten übers Jahr fünf Ellen höher an und der Hansheinrichbauer zehn. Das war ein Um- und Aufsehen in der Kirche, daß der Pfarrer statt des Weihwassers lieber Gift und Galle auf all den Unfug ausgespritzt hätte.

Das ganze folgende Jahr sann er darauf, wie er den nächsten Palmsonntag ungestört von diesen Speeren Goliaths mit Andacht feiern möchte. Und nachdem er sich des bischöflichen Schutzwortes versichert hatte, schlug er am Sonntag Passionis an die Kirchentür an: Palmruten über die Höhe des

Kanzelgrundes sollten fürderhin verboten sein. Da nun der Hansheinrichbauer im Kirchenrat und gar dessen Führer war, bezog er alle Spitzen der Verordnung auf sich selbst. Wenn er sich auch enthielt, ein widersetzliches Wort als Losung auszugeben, in der Wirkung war es ganz dasselbe, wenn er auf jede Frage: »Was nun?« leichthin erwiderte: »Zehn Ellen darauf!«

Am Sonnabend ließ der Pfarrer dem Hansheinrichbauer sagen, er möge die große Sünde noch über Nacht abhauen; schließlich werde er sehen, er habe doch mit allem nur die Rute herbeigeschleppt, die Gott ihm überstreichen werde, und je größer, desto schmerzlicher. Darauf ließ der stolze Bauer sagen, daß ein alter Brauch stets über einem jungen Pfarrer sei. Fiele aber dennoch eine Strafe vom Himmel, müßte sie erst das Gewölb' der Kirche durchschlagen, allwovon den Schaden mehr der Pfarrer hätte als sie, die Bauern.

So stand es denn seit früher Morgenstunde jenes Tages auf einen Kirchenkrach, desgleichen keiner in Gressenbach geschehen war.

Doch sieh, ein kleines Bürschlein riß den unglückseligen Kurs im letzten Augenblick so herum, daß alle Dinge gänzlich anders liefen, als sie der Hansheinrichbauer oder auch der Pfarrer leiten wollte. Dieses Bürschlein war der Sohn desselben Hansheinrichbauern.

Als der kleine Schlingel am Palmsonntag in der Sakristei erschien, begann er zu schildern, seines Vaters Baum sei bis an den Scheitel des Gewölbes hin gemessen, fünf Knechte hätten dran zu schleppen, und die Perlenschnur der Äpfel winde sich genau dreidutzendmal herum. Doch da stand hochzornig der Herr Pfarrer da und maß ihm eine ordentliche Ohrfeig' über.

Da stand der Seppel denn und schluchzte zum Erbarmen. Und der Pfarrer dachte, daß die heilige Geduld ihm statt des heiligen Zornes so viel schöner angestanden wäre als dem Büblein statt der Tränen ein herzliches Lachen. So winkte er den Seppel aus der Ecke und bestimmt mit halb gnädiger und halb strenger Stimme:

»Hier im Tränenwinkel bist nicht vonnöten; geh auf den Chor und hilf dem alten Veit die Orgel ziehen!«

Das war ein seltener und höchst begehrter Dienst. Der alte Veit, mit einem Fuß im Grab, doch mit dem anderen um so fester zum Herrn Pfarrer stehend, sah des großen Bauern kleinen Seppel heut' nicht einmal an und brummte nur: »Im Meßkleid Orgel ziehen? Mir gehst! Setz dich in deines Vaters Apfelbaum da unten, Spatz, du windiger!«

Dem Kleinen blieb nichts übrig, als davonzutrollen, und er sah vor Tränen kaum die Stufen. Naßäugig aber wollte er nicht vor die Leute, und er wandte sich treppauf, um den verkehrten Gang der Dinge dieses Tages zu beweinen.

Die Wendeltreppe führte an der stummen weißen Wand empor zu einer schwarzen Tür von Eisen. Diese aber hielt für gewöhnlich ein unbeweglich schwerer Riegel, nur heute nicht: O Wunder, sie ging auf! Behende drückte er sich zu dem Spalt hinein und nahm den großen Schlüssel aus dem Schloß zu sich, damit ihn keiner in den Käfig sperren konnte. Ja, Seppel war ein kluger Junge.

Den weißen Chorrock und den blauen Kittel behutsam raffend, stieg er in den weiten Raum des Kirchendaches ein. Glasziegel brachten es zur Not auf eine dicke Dämmerung im großen Bau. Er stand nach kurzer Zeit am Fuß der flachen Kuppel.

Für den Kleinen galt es nun, hinaufzukrabbeln und den Eisendeckel von der Kuppelöffnung wegzuschieben; dann konnte er sich auf den Rand legen und den Wald geweihter Bäume recht wie ein Vogel mit den Augen überfliegen. Es gelang ihm auch mit seiner frischen Kraft, der Guckaus war geöffnet. Mit Vorsicht beugte er sich an das Kuppelaug' heran und sah hindurch – o Schreck und Staunen: seines Vaters Baum! Leicht schwingend stand er mitten unterm offenen Kuppelreifen, schon mit halbgestrecktem Arm zu erreichen. Das schöne Apfelnest zuhöchst! Was wehrte ihm, es anzunehmen? Und zu Haus das große Wundern, wenn die Äpfel an der Spitze fort gleichwie die Semmeln aus dem Korb des Mundbäck von Ägypten.

Lang schon hätte Valentin, der Oberknecht, das Zupfen an der Spitze merken können und die anderen mit, hätten sie nicht mit allen Nerven und Gedanken auf das Rachespiel gelauert, das im nächsten Augenblick wie eine Mausefalle ob dem Pfarrer schnappen würde. Dieser stand gerade vor dem Körbchen der wohlabgezählten Ehrenbäuschel, und er hätte sich von Rechts wegen schon wenden müssen, um sie auszuteilen; aber weil sein gutes Herz ihn eben stark bedrängte, dem Hansheinrichbauer die beschlossene Strafe zu erlassen, zögerte und zögerte er noch einmal. Da schlug ein Schrei hin durch den Raum und klirrte, gleich als hätte Gott die Schale der Geduld an den versteinten Schädeln der Gemeinde schrill zerworfen. Was war geschehen?

Im Augenblick zuvor, da hatte Hansheinrichbauers mächtige Rute urplötzlich ausgeschlagen und den verdutzten Oberknecht wie einen Knaben auf das Pflaster hingesetzt. Der Wolkenkratzer hatte sich, nur seitlich noch gestützt, schräg vorgelegt, und an der Spitze hing, o Grauen, der Seppel frei und im hohen Baum. Die Spitze hatte sich dem aus der Öffnung Abgestürzten in das Ministrantenkleid verbohrt, und, daran festgehalten, schwebte er bewußtlos in der tödlich großen Höhe.

Ein Glück, daß der entschnellte Fuß des Baumes sich an einer Bank gefangen hatte; sonst hätt' das Büblein schon zerschmettert an den Stufen des Altars gelegen. Mitten durch das namenlose Entsetzen stieg auf einmal der Hansheinrichbauer, Blutes keinen Hauch mehr im Gesichte, entschlossen, mit dem Tode um sein Kind zu kämpfen. In der Wucht des Riesenkörpers trat er an den Stamm und suchte ihn emporzurichten.

Doch belastet bis zur Grenze, tat der höchste Teil der Stange einen Knack und senkte sich mit seiner Bürde halbgebrochen wiederum vornüber. Nichts mehr schien zu tun, als auf den nächsten Knack zu warten und das arme Kind gleichwie ein Tannenzäpflein mit dem Ast herniederbrechen zu sehn. Der stolze Bauer senkte seinen Kopf, um das Entsetzliche nicht länger anzuschauen; seine Arme, eichenstark, erbebten und Verzweiflungstränen brannten ihm wie Feuer in den Augen.

Seine Strafe war also doch vom Himmel hergefallen, hatte keine Öffnung zu schlagen brauchen; ja, und mit der Rute wird er fürchterlich gezüchtigt. Da sprang der Pfarrer plötzlich von den Stufen, riß den Vespermantel von der Schulter und gebot mit fester Stimme: »Etliche starke Männer, schnell! Ihr anderen räumt den Platz!«

Fünf, sechs waren hergesprungen, und er stellte sie wie Landepfosten an das blaue Tuch: »Nun macht Eisenfäuste!« Dem Heinrichbauern aber rief er zu: »Ihr senket langsam! Bricht es auch, er fällt uns nicht daneben.«

Und der Heinrichbauer sprach: »In Gottes Namen!« und begann den Riesenstamm zu senken. Da, rirackerenk – die Spitze ab, ein Apfelregen, und der Knab' in einem Purzelbaum hoch durch die Luft herab ins pralle Manteltuch. Schon ist sein Vater da und hebt ihn aus dem Tuche, aus den Äpfeln und den Zweigen und weint Tränen auf das blaue Röcklein. Der Herr Pfarrer aber nimmt den Mantel wieder um, läßt sich den Wedel aus dem vollen Kessel reichen und besprengt den Jungen mit drei wohlgemessenen Wasserzügen, nicht vergessend, was dazu gehört: In nomine Patris et Filii et Spiritus Sankti! Amen! Stand's auch in keinem Ritualbuch, und bekam die größte Nässe auch der Bauer ab: es weckte wie ein Wunder den Bewußtlosen und trieb zugleich das letzte Teuflein aus dem großen Bauern; denn er bückte sich, des Pfarrers Hand zu küssen. »Laßt's gut sein«, sprach der Pfarrer leise, und der Bauer drückte seine Hand: »Ich sorge, daß es gut sein wird!«

Ursula Koch

ZERBROCHENE HÄNDE

Wenn man nördlich von Würzburg die Autobahn verläßt, trifft man auf große Hinweisschilder, gut sichtbar angebracht: »Zum Riemenschneideraltar!«

Die Schilder weisen uns den Weg zu einer kleinen Kirche. Sie steht am Ende einer Sackgasse.

Es war ein heißer Tag, als wir dort ankamen. Das Dörfchen Maidbronn lag im Mittagsschlaf.

An der Kirche war kein Schild angebracht. Die Holztür knarrte in den alten Angeln. Wir traten ins Kühle und Dunkle. Vor uns, dem Eingang genau gegenüber, erhob sich über dem Altar die rechteckige Steinplatte, in die der Meister sein letztes Werk gehauen hat.

Eingerahmt von Felsen stehen Menschen unter drei leeren Kreuzen. Den einen, den sie abgenommen haben, bettet ein alter Mann auf den Boden. Von beiden Seiten neigen sich Liebende über den grausam gemordeten Herrn. Die ihm am nächsten kniet, seine Mutter, fühlt tröstend die Hand des Jüngers auf ihrem Arm. Zwei andere Frauen, eine am rechten, eine am linken Rand, wenden sich weinend nach außen. Es dringt kein Schrei aus diesen vom Schmerz nach unten gezogenen Mündern. Eine verzweifelte, beängstigende Stille liegt über dem Werk. Auch die Engel an beiden Seiten des Kreuzbalkens halten ihren Jubel zurück. Dieser Tod ist ein Sieg. Aber teuer erkauft!

In die Mitte der Menschengruppe hat sich ein Fremder gestellt. Seine Mütze weist ihn als Nachgeborenen aus, auch wenn er sich als der Freund Jesu, Nikodemus mit dem Salbengefäß, deuten lassen will. Er kann noch nicht dabeigewesen sein, als Josef von Arimathia den Gekreuzigten in sein eigenes Grab legte, denn anders als die Zeitgenossen Jesu trägt dieser Fremde die Haare glatt, ungelockt. Sehr schlicht ist sein Gewand im Vergleich zu dem bewegten Faltenwurf bei den Frauen und Jüngern. In den Händen hält er seine Gabe, die Salbe. Die Frauen werden sie brauchen, um dem leblosen Körper den letzten Liebesdienst zu erweisen. Was sucht dieser Fremde auf dem Bild von der Beweinung Christi in der ehemaligen Klosterkirche von Maidbronn?

Er ist mittendrin in dem Geschehen, er steht mitten in dem lautlosen Schmerz, der die Gesichter zeichnet und die Schultern der Umstehenden niederbeugt. Seine Unterlippe ist fast trotzig vorgeschoben, sein Gesicht verschlossen von einer tiefen, tiefen Traurigkeit. Dabei schaut er nicht auf den Gekreuzigten, schaut auch nicht weinend zur Seite wie die Frauen am Rande der Tafel. Sein Blick geht nach unten, über die Gruppe der Menschen hinweg, über den Tag hinaus. Es scheint sich vor ihm eine dunkle Zukunft aufzutun.

Das Relief entstand gegen 1525.

Damals war der Meister Tilman Riemenschneider fünfundsechzig Jahre alt. Ein erfülltes, gesegnetes Leben hatte er hinter sich, wie es kaum einem anderen Künstler geschenkt wurde. Schon zu Lebzeiten war er berühmt, und im ganzen mainfränkischen Raum waren die Kirchen geschmückt mit den Geschöpfen seiner Hände. Bescheiden und sich seiner Grenzen bewußt, suchte er nicht mehr als das, blieb in der Stadt Würzburg, die ihn so freundlich aufgenommen hatte, und verzichtete auf den Glanz der fürstlichen Höfe. Wortlos verkündigten die Gestalten aus Holz oder Stein, die in seiner Werkstatt entstanden, die Wahrheit des Evangeliums von der Liebe Gottes. Wehmut und tiefe innige Bewegung beseelen die Gesichter der Engel und Heiligen, und ihre Hände sprechen in einer eigenen Sprache zu dem Betrachter. Sie brauchen keine Farbe, keinen Glanz, kein schmückendes Beiwerk. Sie sind ganz von innen her bewegt.

In den Jahren, in denen Riemenschneider die meisten Werke schuf, konnte er selbst Wohlstand und Glück genießen, aber immer wieder griff der Tod in sein Leben ein. Wir wissen wenig Einzelheiten darüber. Nur die Eintragungen in den Kirchenbüchern geben in schlichten Worten und Daten Auskunft darüber, was der Meister erlebte und durchlitt.

Drei Frauen starben ihm. Aus zwei Ehen stammen drei Söhne und drei Töchter. Als auch die dritte Frau gestorben ist und der alternde Mann sich einsam fühlt, heiratet er noch einmal die Witwe eines Schmieds.

Seine erste Frau, eine junge Witwe, war es, die dem Fünfundzwanzigjährigen, der aus dem Harz zugereist war, in der reichen Stadt das Bürgerrecht verschafft hatte. Wie sonst kaum ein Fremder erlangte er Ansehen. Schon 1504, mit vierundvierzig Jahren, ist er Mitglied des Rates der Stadt. Und 1520/21 übernimmt er das Amt des Bürgermeisters.

In weiten Gewändern, mit der mächtigen Kette um den Hals, das Barett auf dem Kopf, sehen wir den Meister der zarten Gestalten und vielsagenden Gebärden vor uns. Wie nur hat er es vermocht, die lauten Stimmen des Marktes zu ertragen, wenn er die Bilder der sanften Madonnen in seiner Seele trug?

1525 – ein Gerücht und Gemunkel geht durch die Stadt. Die durchziehenden Händler wissen es, und die reitenden Boten malen im Wirtshaus den zufriedenen Bürgern grausige Bilder vor Augen: Der Bauer im Lande ist aufgestanden!

Im fernen Wittenberg hat ein ketzerischer Mönch dem Papst und seiner geldgierigen Anhängerschaft den Kampf angesagt. Sie alle haben davon gehört. Da ist einer angetreten und hat nicht zurückgezogen, nicht einmal vor dem Reichstag. Und dieser Mönch, von dem man hinter vorgehaltener Hand schon als einem Heiligen spricht, dieser Ketzer und Himmelsstürmer, hat auch den Bauern das Evangelium neu ausgelegt.

»Von der Freiheit eines Christenmenschen«, heißt es da. Jahrhundertealte Wut auf feiste Pfaffen und geistlose Pfründenverwalter ist nun losgebrochen. Mit Mistgabeln und Stöcken haben sich die Menschen erhoben. »Freiheit«, heißt es nun überall, »Freiheit einem jeden Christen! Vor Gott ist nicht Mönch, nicht Pfaffe!«

Sie überfallen Burgen und Klöster, werfen Feuerbrände in die Mauern ihrer Herren und morden sie, wenn sich einer von ihnen zu retten versucht. Mit den Worten des Evangeliums auf den Lippen reißen die Aufrührer Altäre ein.

Hat nicht auch Jesus die Tische der Wechsler im Tempel umgeworfen? Ist nicht endlich das Himmelreich nahe? – Was soll man davon halten? Die alte Ordnung scheint sich aufzulösen.

Der Rat der Stadt tagt. Die Bürger, weit erhaben über das Elend der leibeigenen Bauern, beraten sorgenvoll. Ist nicht auch ihnen der Hochmut von Fürsten und geistlichen Herren, vor allem dessen, der über ihrer Stadt auf dem Marienberg thront, ein ständiges Ärgernis? Und stimmt nicht so manches, was in den weitverbreiteten Flugblättern des Wittenberger Mönches über die Kirche und ihre Herren gesagt wird?

Vor allem ein Satz mußte dem gläubigen Meister nachgehen. In ihren »Zwölf Artikeln« versicherten die Bauern, sie wollten nichts, was nicht dem Wort Gottes gemäß sei. War es dem Wort Gottes gemäß, wenn die Ritter einem Schäfer die Ohren abschnitten und die Mönche ehrbare Bürgersfrauen in ihre Klöster lockten? Wenn ein Prophet, den Riemenschneider aus Lindenholz geschnitten hatte, warnend die langen, feinen Finger hob, so wies er auf alle die Geschwüre im Leib der Christenheit, wo nicht mehr ein Glied dem anderen diente, sondern die Mächtigen von der Kraft der Ohnmächtigen lebten.

Es waren sicher keine Betrachtungen über Luthers Theologie von der Rechtfertigung des Menschen allein durch den Glauben, die den Würzburger Ratsherren zu schaffen machten. Es ging um Politik, es ging um die Zukunft. Was wäre das für eine Zukunft, wo nicht mehr Schwerter und Lanzen, sondern die Sanftmut der Heiligen und Apostel Recht schafften – »denn sie sollen das Erdreich besitzen«!

Fürstbischof Konrad von Würzburg schickte einen Gesandten: Die Stadt solle ihm Waffenhilfe gegen die heranziehenden Bauern leisten. Im Rat wurde heftig diskutiert. Der Bote fühlte sich nicht mehr sicher und zog sich auf die Marienburg zurück. Als die Ratsherren bewegt und immer noch unschlüssig auseinandergingen, näherte sich auf der Straße Hans von Bermeter dem Meister Til. Bermeter war ein Haudegen und Trunkenbold, dem die Anliegen der Bauern gerade recht waren, um sich für alle erlittenen Demütigungen zu rächen, die ihm die Reichen und Mächtigen zugefügt hatten.

»Der Bischof hat seine Reiter schon in der Stadt versteckt!« flüsterte er Riemenschneider zu. Der empörte sich, mitten auf der Gasse, andere kamen hinzu, das Gerücht verbreitete sich in Windeseile durch die ganze Stadt. Die aufgebrachten Bürger suchten überall nach den versteckten Reitern – und fanden sie nicht.

Zwei Monate später schwor die Stadt den Abgesandten der Bauern, ihre Artikel zu halten und sich mit ihnen auf Gedeih und Verderb zu verbünden. Mit bangem Herzen ging Riemenschneider von der Ratssitzung nach Hause. Da stand in der Werkstatt der große Stein, aus dem er für das Kloster Maidbronn die Beweinung unter dem Kreuz heraushauen wollte. In der Mitte, der Nikodemus mit dem Salbentopf, hatte noch kein Gesicht. Til griff nach Schlegel und Meißel, schlug sorgsam in den Stein. Die Mundwinkel zogen sich ahnungsvoll herunter. Draußen auf der Gasse sangen die Gesellen. Sie hofften auf eine neue Ordnung, eine neue Zeit. Begeisterung erfüllte die Herzen der Bürger. Sie drückte sich nicht mehr aus in den Bildern von Heiligen. Sie lebte in der Sprache: »Erhalt uns, Herr, bei deinem Wort ...«

Zunächst schienen sie im Recht. Der Fürstbischof floh aus der Stadt. Bauern drangen in die Mainviertel, plünderten, zogen weiter. Im Taubergrund aber trat den von Mord und Raub berauschten Haufen das organisierte Heer der Fürsten entgegen. Die Bauern wurden vernichtet. Am 7. Juni 1525 mußte sich die Stadt Würzburg dem Bischof ergeben. Die Ratsherren wurden verhaftet.

Wußte Bischof Konrad, als er seine Henkersknechte schickte, Meister Til zu holen, wen er da in den Kerker warf?

Kannte er nicht das Grabmal seines Vorgängers im Dom, das der Meister vor fast dreißig Jahren geschaffen hatte? Waren ihm nie Gedanken gekommen über diese Darstellung eines wachsamen Hirten, der unterm Nachdenken still geworden war und die Verantwortung auf gebeugten Schultern trug?

Rasend vor Wut hetzt der Sieger seine Knechte auf die geschlagenen Feinde.

Am 8. Juni reiten die Fürsten ein. Drei Henker in scharlachroten Gewändern folgen den Pferden. An diesem ersten Tag werden auf dem Marktplatz im Angesicht der schaudernden Bürger sechzig Menschen hingerichtet: ». . . nach Herzenslust«, schreibt der Chronist Martin Cronthal.

Es war eine grausame Zeit. Auch der Mönch aus Wittenberg, der unter dem Schutz seines Landesherrn stand und das heillose Aufbegehren der seit Jahrhunderten unterdrückten und ausgeplünderten Bauern nur als furchtbaren Mißbrauch der evangelischen Freiheit verstehen konnte, trat den Verlierern dieses Krieges nicht zur Seite: »Sie haben verwirkt Leib und Seel als treulose, meineidige, lügenhafte, ungehorsame Buben und Bösewichter. Darum soll hier zerschmeißen, würgen und stechen, heimlich oder öffentlich, wer da kann, und gedenken, daß nichts Giftigers, Schändlicheres, Teuflischeres sein kann denn ein aufrührerischer Mensch.«

Auf dem Marktplatz zu Würzburg wird eine Liste von Namen verlesen. Tilman Riemenschneider ist darunter. Er und die anderen, die der Bischof als Rädelsführer ansieht, müssen sich sofort ins Wirtshaus »Grüner Baum« begeben. Im Keller des Wirtshauses hält man 195 Gefangene 24 Stunden lang fest. Vor der Tür, auf der Straße, schleichen die Angehörigen vorbei. Mitten in der Enge, im Gestank, den schaurigen Anblick der Hingerichteten noch vor Augen, steht Riemenschneider. Vorwurfsvoll schauen ihn die anderen an: »Hättest du nicht von den versteckten Reitern geredet . . .«

»Ich hab's nicht gewußt!« schreit der alte Mann.

Die Tür wird aufgerissen, ein Schreiber des Bischofs erscheint. Er hält ein Papier in der Hand, ruft auf: »Tilman Riemenschneider, Ratsmitglied; Hans Hornung, Ratsmitglied« und noch achtunddreißig andere.

Sie stolpern aus der Menge heraus, die Gesichter von Angst verzerrt. Wohin? Zum Richtplatz? Man schleppt die vierzig zur Burg oben auf dem Marienberg und wirft sie in ein finsteres Loch. Mit Fußtritten und bitterem Hohn rächen sich die Knechte des Bischofs und die vor einem Monat tief gedemütigten Kleriker an den einst so würdigen Ratsherren.

»Wir werden euch braten«, ruft ein Domherr den Gefangenen zu und lacht, als einer stolpert und fällt.

Zwei Monate lang liegt Riemenschneider auf dem faulenden Stroh. Er weiß nicht, ob es Tag ist oder Nacht. Irgendwann hört er durch die Mauern und die hölzerne Tür einen Schrei. Er zittert. Schweiß bricht ihm aus. Er fährt sich mit dem Ärmel seines Gewandes über die Stirn.

Wieder ein Schrei, als öffneten sich dort drüben die Pforten der Hölle. Dann ein anhaltendes Heulen, das näher kommt, Schritte und das Schleifen eines schweren Körpers. Ein Schlüssel rasselt, die Tür kracht, das Heulen verklingt in einem Winseln irgendwo in der Ecke.

Tils Atem steht vor Entsetzen: Die Schritte nähern sich wieder, der Schein einer Fackel geht über sein Gesicht. Er drückt sich an die hinterste Wand, aber sie reißen ihn heraus. Er kann nicht laufen vor Angst. Sie packen ihn grob am Arm, zerren ihn über den Steinfußboden – dorthin, wo im Feuerschein ein Richter des Fürsten sitzt.

Vor diesen Augen entstanden die zarten Bilder der ersten Menschen: des Adam, der noch den Schein des Paradieses auf seinem Gesicht trägt, und der sehnsüchtig wartenden Eva. Diese Augen müssen in die Gesichter der Folterknechte sehen, in deren Blicken ein furchtbares Feuer lodert. Sie haben getrunken, ihr Atem stinkt. Aber so weiß der Richter, daß keine menschliche Regung sie hindern wird, die geschundenen Leiber noch furchtbarer zu schinden.

Lukas Cranach, der große Maler und Zeitgenosse Tilmans, hat diese Gesichter gemalt: In den Darstellungen der Passion umringen sie die leuchtend-heilige Gestalt des Erlösers. Ihr tierisch-dumpfer Blick, ihre halbgeöffneten Münder, die von Haß verzerrten Lippen kennzeichnen sie durch alle Zeiten und alle Jahrhunderte. Nie hat ein Riemenschneider solche Gesichter schaffen können. Zu hoch dachte er von den Menschen. Bis sie über ihn herfielen.

Sie haben ihn gefoltert. Die anderen im Kerker Zitternden hörten seine Schreie und wanden sich darunter in Todesangst. Die Folterknechte zogen die Daumenschrauben an, sie spannten ihn in den Balken, sie rissen seine Glieder auseinander, und wenn er um Gnade wimmerte, hörte er nur ihr höhnisches Lachen. Und wo war der Engel Gottes? Wo war Michael, den er als Sieger auf das Kaisergrab gesetzt hatte? Wo waren in dieser Stunde die himmlischen Heerscharen? Er schrie – aber sie hörten nicht. Die Peitsche sauste auf die hilflos ausgestreckten Hände.

»Da, Alter, und noch eins und noch eins . . .«

»Vom Henker hart gewogen und gemartert«, schreibt Cronthal. Er wußte, was das heißt: ». . . mit Schwefel und Pech gebrannt werden«, »entkleidet und ausgepeitscht«, »Verschnürung der Arme nach hinten mit tief ins Fleisch einschneidenden Stricken«, »am Aufzug in solcher Verschnürung herabhängen . . .«

Der Phantasie betrunkener und entmenschter Henkersknechte waren keine Grenzen gesetzt; nein, durch die feierlich am Anfang des 16. Jahrhunderts beschlossenen Prozeßordnungen war jede Art der Qual registriert und ausdrücklich erlaubt worden.

Nach acht Wochen des Schreckens öffneten sich eines Morgens die Tore des Gefängnisses. Man schleppte den alten Mann, der allein nicht mehr gehen konnte, zum Tor. Dort stand sein Sohn Jörg. Fassungslos starrte er in das totenbleiche Gesicht des Vaters. Es gelang ihm kaum, den ständig leise vor sich hinmurmelnden Riemenschneider den Berg hinunter und durch die Stadt bis in die Franziskanergasse zu führen.

Tilman Riemenschneider kehrte nach Hause zurück. Ein großer Teil seines umfangreichen Vermögens wurde eingezogen. Seine Frau rieb den Stöhnenden mit Salbe ein, kühlte die verrenkten Arme. Lautlos lief das Gesinde durchs Haus. Zwei der Söhne zogen fort, einer lebte später als Künstler in Mailand. Die Werkstatt schloß ihre Tore. Schweigend schlichen die Nachbarn am Haus des Geächteten vorbei.

Nach Wochen steht Riemenschneider wieder auf. Die Frau hört ihn keuchend die Holzstiegen herunterkommen. Er nimmt den Schlüssel und öffnet das Tor zur Werkstatt. Hinter sich zieht er die Tür wieder zu.

Die »Beweinung von Maidbronn« – im Halbdunkel des Raumes steht der Stein, fertig bearbeitet, wie es scheint. Die Gesellen haben die zwei Engel rechts und links des Kreuzes herausgehauen. Nur dem Mann in der Mitte fehlt es noch an Ausdruck.

Riemenschneider dreht sich um. Durch die geschlossenen Läden fällt das Licht auf die zarte Gestalt des Verkündigungsengels, der mit gesenktem Kopf und einem zärtlichen Lächeln der Jungfrau Maria entgegentreten sollte:

»Fürchte dich nicht, du hast Gnade bei Gott gefunden!«

Schritte auf der Gasse. Riemenschneider hört die Stimmen der Nachbarn, die im Hof verklingen. Plötzlich greift er mit der linken Hand nach der Engelsgestalt, und mit einem furchtbaren Schrei schleudert er sie auf den Boden. Die fein geschnitzten Finger brechen ab, ein Flügel zersplittert. Laut aufstöhnend dreht sich Riemenschneider um. Er stolpert die Treppe hoch und schließt sich ein. Die Frau hört ihn beten und schreien. Erst am nächsten Morgen wird er ruhiger, verlangt nach dem Priester.

»Die Nonnen von Maidbronn fragen nach dem Altarbild ...« Er schaut die Frau düster an. »Sie sollen es morgen holen.«

Am Abend steht er wieder in der Werkstatt. Den zerbrochenen Engel stößt er mit dem Fuß in die Ecke. Er greift nach dem Werkzeug, aber die rechte Hand gehorcht ihm nicht. Mühsam kann er mit der linken den Schlegel halten. Es ist still im Haus. Er hört seinen schweren Atem gehen, zögert, setzt an, zittert, als hätte er nie eine Gestalt aus Stein gehauen ...

Am Morgen kommt ein Wagen, kommen die Knechte des Klosters. Der Meister ist nicht zu sehen. In der Mitte der »Maidbronner Beweinung« steht ein Mann mit hilflos verzerrtem Gesicht.

Meister Til hat danach nichts mehr mit seinen Händen geschaffen. Seine Schüler zerstreuten sich. Viele seiner Biographen meinen, man habe ihm die Hände so zugerichtet, daß er nicht mehr zu schnitzen vermochte.

Sechs Jahre lebte er noch. Zwei Zeugnisse nennen seinen Namen, lassen Vermutungen aufkommen, daß er oder Schüler von ihm im Bauernkrieg zerstörte Altäre wieder herzurichten versuchten. Aber nichts davon ist gewiß.

Sein Sohn Jörg hat ihm auf dem Friedhof von Würzburg einen Stein gesetzt, auf dem geschrieben steht:

»Anno Domini MCCCCCXXXI am abent kiliani starb der ersam und kunstreich Tilman Riemenschneider Bildhauer burger zu wurczburg. dem got gnedig sey. Amen.«

Die Nachwelt vergaß ihn. Seine Engel und Heiligen standen – kaum beachtet – in den Kirchen und Klöstern. Als man in einer neuen Zeit mit viel Gold und reichem Beiwerk die Heiligtümer zu verzieren begann, zerstörte man ohne Bedenken die schlichten, farblosen Altäre, warf die Holzfiguren ins Feuer. Nur ein kleiner Teil des reichen Schaffens von Tilman Riemenschneider ist erhalten. Im vorigen Jahrhundert erst belebten sich von neuem den Betrachtern die Gesichter seiner zarten Gestalten, und sie erkannten darin ihre eigenen Träume von dem Bild Gottes im Menschen wieder. Und wir?

Wir stellen Wegweiser an die Straßen …

In dem Relief von Maidbronn liegen drei Hände aneinander zum Muster verschlungen: Es ist die Hand des tröstenden Jüngers, sanft auf den Arm der Maria gelegt. Es ist die Hand der Mutter Jesu, die offen und ausgestreckt ist. Und es ist die zerbrochene Hand des Gekreuzigten, von Maria gehalten, hilflos abgeknickt, noch verkrampft im grausamen Tod.

So hat man auch ihm die Hand und das Herz gebrochen – dem Meister Tilman Riemenschneider aus Würzburg.

Willy Kramp

DER RADFAHRER

Ich weiß nicht, was mich dazu treibt, immer wieder von der sonderbaren Begegnung mit jenem schlichten Manne zu erzählen, der in meinem Gedächtnis als »der Radfahrer« lebt. Denn die meisten Menschen, denen ich bisher dieses kleine Erlebnis zu schildern suchte, begriffen nicht recht, warum es mich so bewegt hat, und fanden wohl auch insgeheim, daß meine Geschichte weder einen rechten Anfang noch ein rechtes Ende habe, von einem eigentlichen Höhepunkt ganz zu schweigen. Wie dem nun auch sei, heute will ich dieses Erlebnis sogar niederschreiben; und wenn es denn meiner Geschichte wirklich an dem rechten Anfang und Ende mangeln sollte – von einem eigentlichen Höhepunkt ganz zu schweigen –, so wollt ich mich damit gern zufriedengeben, falls nur ein geringer Schimmer jener Zuversicht in ihr eingefangen wäre, die seinerzeit durch die Begegnung mit dem »Radfahrer« in mir selber so tröstlich neu entfacht wurde.

Als an jenem regnerischen und schon recht kalten Herbstabend jemand zaghaft an die Tür meines Hauses klopfte, glaubte ich zunächst, es suche mich einer meiner dörflichen Nachbarn auf, um durch meinen Fernsprecher – dem einzigen im Dorf – den Arzt herbeizurufen oder doch eine andere dringende Bestellung nach außerhalb durchzusagen, wie es fast täglich geschah. Als ich jedoch öffnete, stand vor mir, von der herbstlich trüben und feuchten Dämmerung fahl umwittert, die hohe Gestalt eines Unbekannten.

Kaum brach der Schein der Lampe aus der geöffneten Tür, so grüßte der Fremde höflich, indem er seinen mächtigen

Schädel entblößte und in einer Art von linkischer Verbeugung mir jäh entgegenstieß. Der Herr möge entschuldigen, sagte er, ohne daß ich Zeit gehabt hätte, ihn nach seinen Wünschen zu fragen, der Herr möge entschuldigen, wenn er störe. Er sei Telegraphenarbeiter und habe während einiger Stunden des Nachmittags an der neuerbauten Starkstromleitung zu tun gehabt, die unmittelbar hinter der Parkmauer entlanggehe. Man habe vom Elektrizitätswerk aus versprochen, ihn bei Einbruch der Dunkelheit mit einem der ohnehin unterwegs befindlichen Kraftwagen abzuholen, deren einer ihn auch hierhergebracht habe; allein nun warte er nach Beendigung seiner Arbeit schon über eine Stunde in Nässe und Kälte, und es habe sich noch immer niemand um ihn gekümmert. Er bitte deshalb höflichst, ihn doch nach dem Werk telephonieren zu lassen, damit er erfahre, ob und wann er mit dem Eintreffen des Wagens rechnen könne.

Ich ließ den Mann, während er mir all dies auseinandersetzte, ins Haus eintreten, und wir begaben uns zusammen in mein Arbeitszimmer zum Fernsprecher.

Jetzt erst, während ich die Verbindung zum Werk herstellte, war es mir möglich, das Gesicht des Fremden, der sich inzwischen leise seufzend auf einen ihm angebotenen Stuhl niedergelassen hatte, näher zu betrachten. Der Mann trug eine Brille, an deren Gläsern noch die Regentropfen hingen; als er die Brille später abnahm, um die Gläser zu trocknen, sah ich seine Augen. Sie waren groß, blaß und hatten jenen etwas angestrengten, suchenden Ausdruck, wie man ihn bei Kurzsichtigen oft findet; doch waren diese Augen, die in einem sehr breiten, starken und von schweren Falten senkrecht durchzogenen Gesicht standen, zugleich wie in schauender und lauschender Verwunderung fernhin gerichtet, wodurch auch die groben und harten Formen des Gesichtes gleichsam eine andere, höhere

Bedeutung erhielten, als man sie ihnen sonst wohl zugesprochen hätte. Erst jetzt wurde ich mir übrigens der Tatsache bewußt, daß der Mann, wenn nicht völlig durchnäßt, so doch stark durchfroren sein mußte in seiner zwar wasserdichten, aber vor der Kälte wenig Schutz gewährenden Lederjacke. Er hatte ein Taschentuch hervorgezogen, um die Brille zu putzen; später führte er das Tuch fortwährend an Nase und Stirn, als fühlte er dort kein Leben mehr, und zwischendurch sah er unruhig auf den Fußboden herab, wo das von seinen Stiefeln abtropfende Wasser eine kleine Lache zu bilden begann.

Das Gespräch mit dem Elektrizitätswerk ergab, daß der Arbeiter erst in etwa einer halben Stunde würde abgeholt werden können; er solle sich zu diesem Zeitpunkt an seiner Arbeitsstelle bereit halten, damit das Auto keinen unnützen Aufenthalt nehmen müsse. Alsbald wollte der Fremde nun wieder aufstehen, um sich an die bezeichnete Stelle bei der Parkmauer zu begeben; ich erklärte ihm jedoch, daß er das Auto auch von meinem Zimmer aus werde sehen und hören können, und lud ihn ein, mir fürs erste noch Gesellschaft zu leisten.

Ganz abgesehen davon, daß es mir unmenschlich erschienen wäre, den Mann wiederum in die Kälte und Nässe des Herbstabends hinauszuschicken, spürte ich plötzlich ein merkwürdiges Verlangen, mit ihm zu sprechen und ihn näher kennenzulernen. Mein Blick fiel auf eine Arbeit, die unvollendet auf meinem Schreibtisch lag – unvollendet deshalb, weil mein Geist sich an diesem Tage immer wieder in weit ausfahrenden Gedanken und Entwürfen erschöpft hatte, statt sich zum jeweils ersten notwendigen Schritt wirklichen Gestaltens zu sammeln. So war ich allmählich in jenen quälenden Zustand geraten, da der Geist meint, es sei ihm alles möglich, während die Hand doch unvermögend ist, auch nur das Nächste und Schlichteste zu bilden; die Gesellschaft eines Menschen, der auf eine so viel einfachere und leibhaftigere Art als ich Geschöpfesnot litt, versprach mir daher wenn nicht eine Befreiung, so doch zum mindesten eine Ablenkung von meinen unfruchtbaren Gedanken und ziellosen Grübeleien.

Zu meiner Überraschung verstand sich der Fremde jedoch nur schwer dazu, mir Gesellschaft zu leisten. Er erklärte – und dabei nahm sein Gesicht immer mehr den Ausdruck schmerzlicher Verwunderung, ja einer stillen Verzweiflung an –, er werde mir nur den Teppich und den Stoffbezug des Stuhles, auf dem er saß, durch seine nassen Sachen beschädigen; indessen war unschwer zu erkennen, daß dies nicht der wahre Grund sein konnte für seine Verlegenheit, die sich bis zu starker Verwirrtheit steigerte, als ich ihm gleich darauf etwas Warmes zu trinken bringen ließ.

Zuletzt aber trank er dennoch den heißen Kaffee, trank auch eine zweite Tasse mit mühsam verhohlener Gier und wies selbst die Brote nicht ab, die bei dem duftenden Getränk lagen. Als er gegessen und getrunken hatte, wortlos, nur hin und wieder einen seiner scheuen, verwunderten Blicke auf mich oder über mich hinweg ins Zimmer werfend, lachte er plötzlich kurz auf und sagte:

»So geschieht mir recht. Wahr und wahrhaftig, so geschieht mir recht!«

Mir war nicht klar, inwiefern die Bewirtung, die der Mann empfangen hatte, von ihm so offenbar als eine Art Strafe empfunden werden könne. Auf meine erstaunt-vorsichtige Frage antwortete er jedoch nur: »Der Mensch soll nicht hadern, lieber Herr. Noch jedes einzige Mal bin ich dafür bestraft worden!«

Noch immer verstand ich nicht recht. Ich fragte: »Mit wem haben Sie denn gehadert? Und warum?«

»Mit wem?« sagte er jetzt mit lauter, klagender Stimme, »dort draußen an der Mauer stand ich, lieber Herr, und haderte fort und fort. Mit wem? Mit dem da droben natürlich, mit wem sonst? Mit wem soll man denn reden, wenn man allein im Finstern und im Regen steht und keine Menschenseele kümmert sich um dich, du kannst leben oder sterben? – Sie müssen wissen, Herr, meine Arbeit ist nicht ungefährlich. Erst vor einer Woche hat einer aus Versehen dem eigenen Schwager den Tod durch den Draht geschickt, denn der Mann am Werk braucht nur falsch zu schalten, schon ist der Starkstrom in der Leitung, und ich falle von der Stange wie die Fliege von der Wand. Deshalb bin ich immer heilfroh, wenn wieder einmal, wie heute, die Woche um ist und ich kann gesund zu Frau und Kind nach Hause. Aber nun steh ich da im Kalten, die Arbeit ist getan, die Woche ist um, und jetzt sitzen die Meinen zu Hause, die Frau hat gescheuert und den Jungen frisch gewaschen, weil der Vater zum Sonntag heimkommt, und sie warten auf mich, Herr. Ja. Deswegen stand ich an der Mauer beim Leitungsmast und haderte und schrie zu den Wolken hinauf. Und jetzt geschieht mir ganz recht.«

Nach diesem Geständnis schien ihm etwas leichter zumute; denn plötzlich sah er mich voll an und lachte noch einmal kurz auf, dabei kam in die schweren Falten seines Gesichtes ganz überraschend allerlei gutes, freundliches Leben. Er war auf einmal ein Mensch geworden, eine einzelne Seele, die zu leben und sich zu offenbaren angefangen hatte.

»Aber warum sind Sie denn nicht gleich zu mir hereingekommen?« fragte ich.

»Ich ... bin ja gekommen«, sagte er leise.

»Gewiß. Aber ich meine, gleich ... warum Sie nicht gleich gekommen sind.«

Er lächelte verlegen und sah auf die Mütze nieder, die er in der Hand hielt. »Lieber Herr, ich erzählte Ihnen doch schon, daß ich dastand und haderte. Wenn der Mensch hadert, wird er trotzig und will recht haben ... wie das Kind, das sich aus Trotz die Hände erfrieren läßt, weil sein Vater ihm keine Handschuhe geschenkt hat. Aber nun hab' ich doch nicht recht behalten. Ich sitze nun hier und ... es ist warm. Sie haben mir zu essen und zu trinken gegeben. Sie nehmen Anteil ...«

»Und das, meinen Sie, sei die Strafe für Ihr Hadern?«

Er antwortete nicht. Aber er hob den Kopf wieder auf und lächelte mir freundlich entgegen, wie erlöst.

Da dachte ich, es sei an der Zeit, auch meinerseits ein Geständnis zu machen. »Mir ist es ähnlich wie Ihnen ergangen«, sagte ich. »Auch ich bin durch Ihren Besuch heilsam bestraft worden.« Und ich berichtete dem fremdem Manne von meiner mißglückten und unvollendeten Arbeit. Ich sagte ihm auch, warum ich glaubte, daß mir die Dinge heute so schlecht von der Hand gingen.

Er aber hörte mir aufmerksam zu, und im Hören war sein Gesicht nun völlig ernst geworden. Nachdem ich geendet hatte und er mich hierauf noch eine Zeit ohne alle Verlegenheit, ja sogar streng und prüfend angesehen hatte, nahm er wiederum seine Brille ab und sagte wie beiläufig: »Ich dachte mir gleich, daß der Herr an die göttliche Führung glaubt wie ich.« Und ohne eine Bestätigung dieser seiner Vermutung abzuwarten, fügte er – zum zweiten Male sorgfältig seine Brille putzend – hinzu: »Aber bis man einmal dahinterkommt! Sechsunddreißig Jahr bin ich heute alt, aber wann hab' ich angefangen, auf die Zeichen zu achten, was glauben Sie wohl?«

Er verstummte und schien auf ein Wort von mir zu warten, das ihm sein Reden leichter machen sollte. Die Brille hatte er sich wieder aufgesetzt, er spielte mit der Mütze und hatte seinen verwunderten Blick wie zu Anfang weit ins

Ferne gehoben. Endlich, als er in meinem Schweigen die Bereitschaft zum Hören erkannt hatte, fuhr er fort: »Denn die Zeichen kommen so leise und heimlich, lieber Herr, man bemerkt sie kaum am Anfang. – Sehen Sie, ich bin ein Radfahrer. Nein, schauen Sie mich nicht erstaunt an, es ist sehr wichtig, was ich jetzt sage. Rein durch Zufall bin ich heute einmal ohne Rad, weil mich dieses Auto nachmittags hier abgesetzt hat. Aber sonst fahre ich seit meiner Kindheit immer nur auf dem Rad. Bei Kälte, Eis und Regen genauso wie bei heller, heißer Sonne. Als Kind zur Schule und jetzt zur Arbeit. Auch des Nachts, im Finstern. – Und wie ich da so Jahr um Jahr immer nur auf dem Rad gefahren bin, hab' ich eine Beobachtung gemacht, lieber Herr – jawohl, jetzt passen Sie gut auf! Wenn ich nämlich einen schlechten Weg fahre – sagen wir, einen hohen schmalen Damm am Wasser entlang oder einen dünnen Fahrsteg zwischen Sand und Schlamm –, dann muß ich immer wieder gewahr werden, daß ich am lichten Tage leichter zu Schaden komme als in der dunklen Nacht, wenn ich hinter meinem kleinen Laternenfunzelchen herfahre, das nur ein paar Schritt weit leuchtet. Und warum komme ich am lichten Tage leichter zu Schaden? Weil ich wie ein König weit voraus über Feld und Welt schaue, da ist mir das bißchen Weg zu wenig. Des Nachts aber sehe ich nur die vier, fünf Schritt, die mein kleines Lämpchen vor mir hell macht, und weiter nichts; darauf gebe ich acht und denke nicht an die Gefahr, die im Dunkeln ist, so tut sie mir auch nichts an. – Ich weiß nicht, ob der Herr mich versteht. Denn dies ist die Wahrheit und ist doch auch ein Gleichnis, wenn ich so sagen darf.«

Er hatte aufgehört, mit seiner Mütze zu spielen; still und gesammelt blickte er mich an. Als ich ihm durch eine Gebärde zu verstehen gab, daß ich gern erst Weiteres hören wolle, ehe ich mich selbst äußern möchte, fuhr er fort: »Das war mein erster Unterricht in des Herrgotts Schule, lieber Herr, und als ich dies gelernt hatte, nahm mich der Lehrer in die höhere Klasse auf. Denn Sie werden ja wissen: Unser Gott im Himmel ist der strengste aller Schulmeister. Wehe, wer da nicht aufpaßt und nicht aufs Wort gehorcht! Da kann es kommen, daß du wieder zurückgestoßen wirst auf das allerunterste Bänkchen, und so ging es mir, ich will es offen bekennen. Warum? Weil mir mein Lichtchen in der Nacht plötzlich zu klein wurde, weil ich es dreist hochhob und damit die Dunkelheit hell machen wollte, die Gott geschickt hatte. Auch das ist ein Gleichnis, Herr, das Ihnen ein Radfahrer erzählt.«

Er sprach jetzt mit einem angestrengen Ausdruck, so, als müsse er auf jedes seiner Worte genau achten, ja, als müsse er sich seine Worte innerlich vorsagen lassen, um sie wörtlich nachzusprechen: »Da stürze ich mit meinem Rad eines Nachts, ich wurde überfahren, und das ist nun kein Gleichnis mehr. Ich blieb lange bewußtlos auf der Straße liegen. Als ich aufwachte, hatte ich im linken Bein und in der Brust Schmerzen, als wenn ich in des Teufels Zange steckte. Ein Auto nahm mich auf und fuhr mich ins Krankenhaus. Da lag ich denn in einem großen Saal, und die Zange war noch viel schlimmer um mein Bein und um meine Brust zugedrückt, ich mußte laut stöhnen. Aber da tritt die Schwester an mein Bett, tritt zu mir und sagt: ›Keine Angst, der Arzt kommt gleich zu Ihnen, er steht schon draußen.‹ Da war mir gleich so viel wohler in meinem Herzen, lieber Herr, daß ich auf einmal die Schmerzen aushalten und leiden konnte. Der Arzt ist ja vor der Tür, dachte ich. Nur Mut, nur Zuversicht! Es wird alles gut werden! Er wird hereinkommen und mir die Schmerzen abnehmen, wenn ich ihn jetzt auch noch nicht sehe! – Verstehen Sie, Herr, daß ich in diesem Augenblick das Wichtigste gelernt habe, was ein Mensch in seinem Leben lernen kann: die Zuversicht?«

Ich wußte nichts zu antworten. Aber der Mann wußte wohl meinen guten Willen, zu hören und zu verstehen, ebenso wie meine Unfähigkeit, ihm jetzt mit irgendeinem Gemeinplatz zuzustimmen, spüren, denn er fuhr ungekränkt fort: »Und so habe ich jetzt da auch an der Parkmauer gestanden und haderte mit Gott, sehen Sie! Da wollte ich wieder einmal das Dunkel, das er mir geschickt hatte, mit meinem Verstande hell machen; er aber hatte mir hier unterdessen schon ein Mahl zubereitet und einen Menschen, der auf mein Wort wartete. So hat er mich durch seine Liebe gestraft! – Ach, die Zuversicht, Herr, die Zuversicht, die aus Gottes Verheißung kommt! Keine Angst, ruft Er, ich bin schon vor der Tür! Gute Nacht also, ihr Qualen und Schmerzen in Satans Zange! – Aber was flüstert mir der Unglaube jeden Tag ins Ohr, jeden Tag, lieber Herr? Armer Mensch, flüstert er, wie bist du doch so übel dran auf der Welt! Wie bist du doch arm an Gut und Nahrung, und wie kann der Tod dich nehmen da oben auf deinem Leitungsmast, eh' du dich's versiehst! Und wie bist du getrennt von Weib und Kind um dein bißchen Lohn, ach, was hast du auszuhalten, du Armer, Armer! – Und glauben Sie mir, Herr, ich fühle meine Schmerzen und Qualen jetzt noch genausogut wie damals, als sie mich zerschunden und gequetscht ins Krankenhaus eingeliefert hatten. Aber seit damals weiß ich auch, daß der Arzt vor der Tür steht, der mich heilen wird. Ja, ganz gewiß steht er da, und die Türe ist sogar ein wenig aufgetan, so daß ich meinen Heiland hören kann – seine Stimme, Herr, seine Stimme! Er tröstet mich nicht, bewahre, er sagt nicht: Du hast keine Schmerzen mehr, es geht dir gut. Denn er lügt nicht. Aber er ruft mich beim Namen, und das ist mehr als Trost. Das ist der Anfang der großen Gesundheit, der Anfang des ewigen Heils. – So lebe ich nun, Herr, die meisten verstehen mich nicht. Die meinen alle, ich hoffte nur auf das Jenseits. Ach, lieber Herr, aber sie sehen alle nicht, daß die Türe jetzt – jetzt schon offen ist und daß mein Name jetzt gerufen wird.«

Er war aufgestanden, denn man hatte vom Park her das Rauschen und Brausen eines Motors gehört. Schnell streckte er mir die Hand entgegen, und als ich sie ergriffen hatte, sagte er noch – ganz leise und eindringlich: »Die Zuversicht, Herr, diese Zuversicht. Solange nur die nicht stirbt im Herzen!« Dann stammelte er noch etwas von Dank für die Aufnahme und wandte sich so schnell dem Ausgange zu, daß ich ihm kaum mit der Lampe folgen, geschweige denn ihm etwas erwidern konnte.

Ich hätte ihm aber ohnehin wohl nichts mehr zu sagen gewußt, denn ich war berührt von jener stillen, unmittelbaren Gewalt aus der Höhe, die uns Menschen noch nie anders zurückgelassen hat als in ehrfürchtigem, dankbarem Schweigen.

Peter Rosegger

EINE ABENDMAHLSFEIER OHNE PFARRER

Bitte, es ist fünf Uhr, Herr Vikar!«

»Ja – danke!« antwortete der Gerufene aus dem Halbschlummer und – schlief weiter. Der jugendliche, von Strapazen der vorhergegangenen Tage ermüdete Körper vermochte sich noch nicht recht zu trennen vom Ruhelager, und die Seele spazierte im fernen Pfarrhaus zu Württemberg umher bei den Seinen, die er erst vor wenigen Monaten verließ, um in die Diaspora zu gehen. Aber mitten aus frohem Traume schreckte er plötzlich hoch. Hat nicht jemand gerufen: »Fünf Uhr?« Und als es sich bei blassem Tagesschein zeigte, es wäre schon beinahe halb sechs, sprang der Vikar aus dem Bett. In drei Minuten war er angekleidet, in weiteren fünf Minuten war er auf dem Bahnhof, wo der Zug eben vor seiner Nase abfuhr.

Es half nichts, daß er mit dem Tuch winkte und laut rief, er müsse mitfahren, er müsse um sieben Uhr in Leinstetten sein. Er müsse! Es sei ganz unmöglich, daß er um sieben Uhr nicht in Leinstetten wäre.

Der Stationsvorstand klopfte ihm auf die Achsel: »Im Gegenteil, Herr Vikar, es ist ganz unmöglich, daß Sie dort sind. Nicht einmal einen Extrazug könnte ich Ihnen zur Verfügung stellen.« Der arme Vikar, er hatte im Augenblick wirklich an einen Extrazug gedacht – und koste er gleich sein halbes Vermögen. Es war ihm unfaßbar, daß er zur bestimmten Stunde nicht sollte in Leinstetten sein. Er vermochte es sich nicht auszudenken, was das bedeute, was das für Folgen haben könnte.

Mitten auf dem Bahnhof stand er da allein. Die Reisenden waren ja alle schon fort. Ratlos starrte er die Eisenschienen an und den einzigen maschinenlosen Lastwagen, der darauf stand. Daß auf Bahnhöfen eine so unausstehliche Ruhe sein kann, das hatte er nie gewußt. Der nächste Zug geht gegen zehn Uhr vormittags.

»Kann man depeschieren?«

»Gewiß, Herr Vikar. Doch in Leinstetten dürfen vor acht Uhr keine Depeschen ausgetragen werden.«

»Kann man nicht Sondertelegramme befördern?«

»Aber natürlich, man kann ja alles. Doch auf dem Leinstetter Bahnhof bleiben sie liegen bis acht Uhr.«

Der Vikar stampfte mit dem Fuß auf das Pflaster.

Eine Viertelstunde später war es dem Vikar geglückt, einen Wagen aufzutreiben.

»Wie lange fahren Sie bis Leinstetten?«

»Drei Stunden.«

»Jagen Sie, was das Zeug hält, es gibt ein gutes Trinkgeld!« wollte er schon sagen, da dachte er an die armen Pferde, die es entgelten müßten, daß er in seinem weichen Bett träge gewesen, die es entgelten müßten, daß der Kutscher sich bestechen ließe. Er setzte sich in den offenen Wagen und sagte nichts als: »Nun fahren Sie in Gottes Namen!«

Das Tal mit den tauigen Wiesen, dem rauschenden Flusse, den hohen Waldbergen, auf deren Scheitel die Morgensonne lag – wie schön hätte das sein können für den naturfreudigen Mann, der noch Neuling war in den Alpen und der sich mit jedem Herzschlag tiefer einzuleben suchte in dieses schöne Land und sein wackeres Volk. Heute aber! Erst an einem vorhergehenden Sonntage hatte er gepredigt: Alles Erdenglück ist nichts, wenn im Herzen die Schuld liegt!

Nun trug er Schuld in seinem eigenen. Er war ins Land gekommen, um das Evangelium zu predigen. Vom Morgen bis zum Abend war er im Gebirge umhergestiegen, um die wenigen Übriggebliebenen aus der evangelischen Zeit, die seiner verlangten, aufzusuchen und zu einer Gemeinde zu sammeln. Anderen war es in der religiösen Verrottung oder in ihrer seelischen Stumpfheit langweilig geworden, sie wollten auch wieder einmal in der Gemeinsamkeit ein Wort Gottes hören. Wieder andere, die sich in eine moderne Ungläubigkeit verbohrt hatten, fanden in derselben nichts Rechtes zu sagen und erinnerten sich, was Vater und Mutter einst gesagt. So nahten sie dem herumwandernden Manne, der so froh von Gott und Seelenglück zu sprechen wußte, oder wichen ihm wenigstens nicht aus, wenn er des Weges kam und freundlich mit ihnen sprach.

Also war es dem Vikar allmählich gelungen, die Leute zu wecken, und an diesem Tag sollte die erste Zusammenkunft der Gemeinde in Leinstetten sein. Es hatte sich mancher angesagt aus dem hintersten Graben hervor, vom Gebirge herab, sie hatten sich ja eingelesen im Neuen Testamente, sie hatten eigens noch ihre Übungen gehalten. Sie hungerten und dürsteten ordentlich nach dem Abendmahl. Nun waren sie versammelt in Erwartung, und nun kam der Geistliche nicht!

Es waren ja ohnehin schon Stimmen laut geworden bei den Mißtrauischen und bei offenen Gegnern: Habt ihr euch den Mann auch gut angesehen daraufhin, ob's einer mit redlichem Ernste ist, ob er euch nicht am Ende sitzenläßt? Es gibt allerhand Leute heutzutage, auch solche, die die Religionsbewegung zu eigenen Vorteilen ausbeuten.

Solche Gedanken werden lebendig sein, wenn der Zug einfährt, die Ältesten den Vikar erwarten und er nicht aussteigt. Dann stehen sie da zum Gespött der Menge, stehen da wie Schafe, die der Hirt im Stiche gelassen hat.

Mindestens eine unverantwortliche Schlamperei! werden die Arglosen sagen, und andere werden beisetzen: Wenn ihm nicht einmal soviel an uns gelegen ist, die wir ihm doch so vertrauend gefolgt sind, daß er rechtzeitig vom Bett aufsteht, dann werden wir's auch ohne ihn richten.

Etliche werden in den Wirtshäusern herumsitzen, werden sich betrinken und ihre Glossen machen über den Pastor, der sein Wort nicht hält. Dann werden sie sich verlaufen, und man kann hundert Jahre warten, bis sie wieder so zusammenkommen.

Bei solchen Vorstellungen hieb der Vikar sich zornig die Faust auf die Stirn, die Trägheit scheltend, die ihn zwanzig Minuten zu lang im Bett gefangengehalten. Er hatte es mit dieser Sünde nie so besonders ernst genommen, »sie wäre mehr Schwäche als Sünde«. Nun sah er, daß die Trägheit eine der allerärgsten ist. Sie hatte jetzt etwas angestellt, das vielleicht nie wiedergutzumachen ist.

Wozu fährt er denn eigentlich noch dahin? Was hat er denn in Leinstetten zu tun am Mittag, da sie alle fort sein werden bis auf seine eigene Schmach, die ihn auf dem Bahnhof feierlich empfangen wird?

Wie hatte er sich diesen ersten Gottesdienst der jungen Gemeinde so schön ausgedacht! Ein Hammerbesitzer hatte den Saal eines stattlichen Gartenhauses zur Verfügung gestellt, hatte ihn festlich geschmückt, hatte junge Leute zusammengesucht, um sie Choräle einüben zu lassen. Ferner hatte der Hammerherr – das alles war dem Vikar schon hinterbracht worden – die Kirchengeräte beschafft, hatte ein Harmonium in den Saal stellen lassen und alles vorbereitet zu einer würdigen Begehung. Dann würde er, der Geistliche, im Talar vor den Tisch des Herrn treten, würde mit feierlicher Stimme das Evangelium lesen und die Predigt halten von der Kindschaft Gottes. Dann würde er die »feste Burg« singen lassen, das Gelöbnis abnehmen, den Segen spenden, die Hostien weihen und den Wein im Kelche, und würde der in der Reihe stehenden Gemeinde das Abendmahl reichen.

Statt dessen fuhr er nun auf weiten Umwegen durch das Tal, das heute so langweilig war und kein Ende nehmen wollte. Er sah die prangenden Obstgärten nicht; er faßte es nicht, wie man froh sein könne der fruchtbaren Felder, der munteren Herden. Er begriff nicht, wie ein Mensch an diesen Bergkuppen sich freuen könne, wie die von den Hängen stürzenden Wasserfälle je einem Herzen zur Lust sein können! So ganz zerschlagen war sein Gemüt.

Endlich als der Weg um die Böschung bog, lag vor ihm auf dem Hügel das freundliche Leinstetten. Heute jedoch lag der Flecken recht ernst da. Die Sensenhämmer unten am Wasser schwiegen, nur ihre Fluder rauschten. Die wenigen Leute auf der Gasse grüßten zurückhaltend. Der Küster, der am Eingang der Pfarrkirche stand, grinste ihn eigentümlich an. Es konnte wohl Schadenfreude sein, Herzensfreundlichkeit war es kaum.

Am Marktplatz entlohnte der Vikar den Wagenlenker; der war gut gefahren; auf dem Turm der katholischen Kirche schlug es eben die neunte Stunde. Als er in den Garten einbog, begegnete ihm der Gärtner, eines der neuen Gemeindeglieder.

»Also doch noch, Hochwürden, doch noch!« rief dieser ihm entgegen.

»Ich bin kein Hochwürden. Bin ein armseliger Mensch!« antwortete der Vikar fast unwirsch. »Sie haben sich wohl alle verlaufen?«

»Zuerst haben sie eine Weile gewartet, nachher sind sie in den Gottesdienst gegangen – weil sie schon einmal da wären.«

»In den Gottesdienst? In welchen? In die katholische Kirche?«

»Ah, das nit, Herr Pfarrer. Im Gartenhaus sitzen sie, und der Pfründner-Friedel tut lesen.«

Sind sie noch beisammen?! – Welch ein Freudenstrahl! Sofort wollte der Vikar in den Gartensaal treten, an der halboffenen Türe blieb er stehen. – Da drinnen, an einer langen Tafel, die weiß gedeckt war, saßen sie beisammen, ihrer etwa dreißig Personen, Männer und Weiber, Kinder und Greise. Neben dem Großbauern saß der Häusler, neben dem Hammerherrn der Sensenschmied. An der Mitte des Tisches saß ein altes Männlein mit glattrasiertem Gesicht und schneeweißem Haar. Es war ärmlich angetan, und seine rauhen Hände, schien es, zitterten ein wenig, dieweilen sie das Buch hielten. Recht unbehilflich legten die steifen Finger das Blatt um. Seine Stimme war heiser und etwas stockend; ungefüg, aber deutlich las er die Worte der Heiligen Schrift, und alle Anwesenden hörten ihm aufmerksam zu. Der arme Pfründner vertrat als der Älteste das Priesteramt, und sie lauschten mit gefalteten Händen. – Der Greis las leise:

»Herr Gott, du bist unsere Zuflucht, wende dich wieder zu uns. Du bist Gott von Ewigkeit zu Ewigkeit. Ehe denn die Berge wurden und die Meere und die Himmel, warest du. Der du die Menschen lässest sterben und sprichst: Kommt wieder, Menschenkinder! Denn tausend Jahre sind vor dir wie ein Tag. Du lässest sie hinfahren wie einen Strom, und sie sind wie ein Schlaf: Unser Leben währet siebzig Jahre, und wenn's hoch kommt, so sind's achtzig Jahre, und wenn's köstlich gewesen, so ist's Mühe und Arbeit gewesen. Unsere Zuversicht und unsere Burg bist du, o Gott, auf den wir hoffen.«

Dann schwieg er, und sie saßen schweigend um den weißgedeckten Tisch und hielten die Häupter geneigt.

Der Vikar war wie gebannt an der Schwelle, sie bemerkten ihn nicht. Es war kein Bild vorhanden und kein Wachslicht, und doch lag ein feierlicher Ernst in dem geräumigen, mit Blumen geschmückten Saal.

Nach der Pause hob der alte Weißkopf wieder seine heisere Stimme empor und nahm das Buch. Schwerfällig und in leicht vibrierendem Tone las er:

»Wenn ich mit Menschen- und mit Engelzungen redete und hätte der Liebe nicht, so wäre ich ein tönendes Erz. Wenn ich weissagen könnte und wüßte alle Geheimnisse und hätte alle Erkenntnis und hätte allen Glauben und hätte alle Kraft, so daß ich könnte Berge versetzen, und hätte der Liebe nicht, so wäre ich nichts. Und wenn ich alle meine Habe den Armen gäbe und ließe meinen Leib verbrennen, und hätte der Liebe nicht, so wäre es nichts. Die Liebe ist langmütig und freundlich, die Liebe eifert nicht, die Liebe treibt nicht Mutwillen, sie blähet sich nicht und ist nicht ungebärdig, sie suchet nicht nach Vorteil, sie ist nicht erbittert, sie trägt nichts nach, sie freuet sich nicht der Ungerechtigkeit, aber sie freuet sich der Wahrheit. Sie verträgt alles, sie hofft alles, sie duldet alles. Die Liebe höret nimmer auf. Alles ist unvollkommen, nun bleiben Glaube, Hoffnung, Liebe, diese drei. Aber die Liebe ist die größte unter ihnen. –«

Wieder Schweigen.

In der Mitte des Tisches lag ein Laib Brot, geradeso, wie man es im Haushalt hat, und ein breites Messer. Daneben stand ein irdener Krug. Der alte Friedel stand auf, so wie es in der Familie der Hausvater tut, langte zuerst nach dem Brote, dann nach dem Messer und machte mit der Spitze desselben auf dem Laib das Kreuzzeichen. Dann sprach er langsam und leise die Worte: »In der Nacht, da der Herr Jesus verraten ward, nahm er das Brot, dankte und sprach: Nehmet und esset. Mein Leib, der für euch gebrochen wird. Das tut zu meinem Andenken! Desgleichen nahm er den Kelch und sprach: Nehmet und trinket. Mein Blut, das für euch vergossen wird. Das tut zu meinem Andenken.«

Als der Greis so gesprochen hatte, schnitt er sich vom Brot ein Stück herab und aß es. Dann gab er den Laib weiter von Nachbar zu Nachbar um den ganzen Tisch. Jeder und jede schnitt sich ein Stück Brot und aß. Hernach faßte der Alte den irdenen Krug, in welchem Wein war, trank daraus und reichte ihn ebenso hin, daß Nachbar um Nachbar daraus trinken konnte.

Das alles war ruhig und in tiefstem Ernste vor sich gegangen. Dann sprach der Greis laut: »Brüder und Schwestern! Wir werden selig durch die Gnade unseres Herrn Jesu Christi! Amen.«

Die Andacht war vorüber. Sie erhoben sich ungelenk, und

einer schaute den anderen freundlich an. Als sie nun an der Tür den Vikar stehen sahen, ging der Hammerherr zu ihm: »Herr Pfarrer, Sie haben wohl den Zug versäumt. Wir haben es uns gedacht. Da wir aber doch nicht wußten, ob Sie noch kommen können, so haben wir die Andacht gehalten, wie wir es gewohnt sind aus der Zeit, da wir keinen Geistlichen hatten.«

Der Vikar war so betroffen, daß er kaum Antwort zu geben vermochte. Er hatte hier etwas gesehen, erlebt, das ihm seit jeher im Geiste vorgeschwebt war. Er hatte den Gottesdienst der ersten Christen gesehen.

Er reichte den Nächststehenden schweigend die Hand. Besonders den Pfründner-Friedel wollte er grüßen, dieser aber war nicht mehr zu sehen. Vielleicht aus Befangenheit und weil er fürchtete, der Pfarrer könne an seiner zwar nicht selbst angemaßten, wohl aber von anderen ihm für diese Stunde übertragenen Priesterwürde Anstoß nehmen. Er humpelte wieder in sein Armenhaus, das draußen am Rande des Ortes stand. Der Vikar sagte noch zu den Anwesenden: »Also ist Gottesdienst jeden Sonntag. Komme ich nicht, so tut, wie ihr heute getan habt. Und komme ich, so wollen wir's auch nicht anders machen.«

Am Abend nachher ist der Vikar mit der Eisenbahn zurückgefahren in sein Standquartier. Wie war er jetzt froh, am Morgen den Zug verschlafen zu haben! Also hatte er eine Offenbarung erfahren, in der sein Zweifel an der Gemeinde und seine Bedenken behoben wurden. Nun war nicht mehr die Frage, ob die Hostie auf die Zunge oder auf die Hand zu legen sei. Alle Formfragen waren gelöst. Bei einer armen Berggemeinde, die seit einem Jahrhundert keinen kirchlichen Kultus mehr gehabt, hatte er nun gesehen, wie evangelische Christen Gottesdienst halten.

Quellennachweis

Nicht alle derzeitigen Rechteinhaber konnten von Herausgeber und Verlag ermittelt werden. Für diesbezügliche weitere Hinweise ist der Verlag dankbar.

O. Berneder, Der Palmenstreit zu Gressenbach. Aus: Der Vogelbub und andere Geschichten, Ferdinand Schöningh Verlag, Paderborn 1929.

Ernest Claes, Die Freikarte. Aus: Ernest Claes, Die alte Uhr, Benziger Verlag, Köln.

Joachim Dachsel, Die Störung. Aus: ders., Der Blick in den Spiegel, Evangelische Verlagsanstalt GmbH Leipzig 1953.

Kurt Arnold Findeisen, Die Ostermühle. Aus: ders., Der Ruf aus den zwölf Nächten, Koehlers Verlagsgesellschaft, Biberach.

Johann Christoph Hampe, Das Zeichen des Lebens. Aus: ders., Geschrei aus Babylon, Friedrich Wittig Verlag 1961.

Wolfgang Hildesheimer, Es ist alles entdeckt. Aus: Wolfgang Hildesheimer, Tynset, Suhrkamp Verlag Frankfurt/Main 1973.

Marie Luise Kaschnitz, Christine. Aus: Eines Mittags, Mitte Juni. Erzählungen, Claassen Verlag GmbH Düsseldorf (jetzt Hildesheim) 1983.

Ursula Koch, Zerbrochene Hände. Aus: Ursula Koch, Hiob, mein Bruder, Brunnen Verlag Gießen, 2. Taschenbuchauflage 1995.

Willy Kramp, Der Radfahrer. Aus: Willy Kramp, Wir sind Beschenkte, Brunnen Verlag Gießen 1985.

Manfred Kyber, »Der K. d. R.«. Aus: ders., Gesammelte Tiergeschichten, 1972 by Rowohlt Verlag GmbH, Reinbek.

Nikolai Leskow, Der Gast beim Bauern. Aus: ders., Gesammelte Erzählungen.

Hans Georg Noack, Das Urteil. © Hans Georg Noack.

Peter Rosegger, Eine Abendmahlfeier ohne Pfarrer. Aus: Peter Rosegger, Gesammelte Werke, L. Staackmann Verlag Leipzig.

Franz Schrönghamer-Heimdal, Auferstehung. Aus: Der christliche Erzähler, Jahrgang 1956, Heft 7. Rechte beim Autor/Nachf.

Ann-Charlott Settgast, Das Logbuch. Rechte: Verlag der Mecklenburgischen Kirchenzeitung, Schwerin.

Leo Tolstoi, Das Lichtchen. Aus: ders., Gesammelte Erzählungen.

Clara Viebig, Der Osterquell. Aus: Clara Viebig, Kinder der Eifel, Deutsche Verlagsanstalt Stuttgart.

Walter Wangerin, Der Lumpensammler. Aus: Walter Wangerin, Der Lumpensammler, Brunnen Verlag Gießen 1995.

Autor und Rechte unbekannt: Das Altarbild.